Georg Jellinek

Die rechtliche Natur der Staatenverträge

Ein Beitrag zur juristischen Konstruktion des Völkerrechts

Georg Jellinek

Die rechtliche Natur der Staatenverträge
Ein Beitrag zur juristischen Konstruktion des Völkerrechts

ISBN/EAN: 9783743311909

Hergestellt in Europa, USA, Kanada, Australien, Japan

Cover: Foto ©Suzi / pixelio.de

Manufactured and distributed by brebook publishing software (www.brebook.com)

Georg Jellinek

Die rechtliche Natur der Staatenverträge

Vorrede.

Die Discussion über die Grundlagen des Völkerrechts pflegt nur die äussersten Umrisse zu berühren. Aber erst die Lösung des einzelnen Problems kann die Kraft und Bedeutung allgemeiner Principien erproben.

Wenn in den vorliegenden Blättern die juristische Construction einer der wichtigsten Partien des Völkerrechts vollzogen werden soll, so ist ihnen damit ein doppeltes Ziel gesteckt.

Zuvörderst eine vertiefte Erörterung des subjectiven Principes des Völkerrechts, von welchem ja die juristische Beurtheilung desselben abhängt. Der Rechtscharakter des internationalen Rechts ist meines Erachtens nur auf dem Wege darzuthun, den v. Kaltenborn und Bulmerincq und neuerdings Bergbohm eingeschlagen haben. Wie sehr aber dieser Punkt noch eindringender Untersuchung und Rechtfertigung bedarf, hat erst jüngst die Fricker'sche Leugnung der Möglichkeit autonomer Rechtsbildung bewiesen.

Sodann die Begründung des Vertragsrechts auf die Natur der Sache. Gegenüber der selbst Anhängern des Völkerrechts geläufigen Leugnung eines allgemeinen positiven Völkerrechts und der aus ihr resultirenden Anerkennung einer nur zufälligen Uebereinstimmung der Staaten in Beziehung auf internationale Grundsätze, musste das rationale Moment im Völkerrechte hervorgehoben und der Nachweis geführt werden, dass hier Normen vorhanden sind, deren gemeinsame Anerkennung schon durch die Natur des Rechtsgeschäftes gegeben ist. Gerade die Frage nach der Entstehung des objectiven Vertragsrechts zeigt die Unzulänglichkeit der Anschauung, welche das Völkerrecht auf ein äusseres Staatsrecht reduciren will.

Der erste Theil dieser Abhandlung soll überdies aufzeigen, wie innig die juristische Existenz des Völkerrechts mit der der inneren Rechtsordnung zusammenhängt und welche bedenkliche Consequenzen die Leugnung des ersteren für den juristischen Charakter der letzteren hat. Somit hoffen diese Blätter auch einige Bedeutung für die allgemeine Rechtslehre beanspruchen zu können.

Wien, im Mai 1880.

Der Verfasser.

In keiner juristischen Disciplin kommt es so häufig zu einer Erörterung der Grundbegriffe, wie im Völkerrecht. Von den Vertretern der anderen Fächer der Rechtswissenschaft oft nicht als ebenbürtig betrachtet, von Zeit zu Zeit in seiner juristischen Existenz negirt und in die Staatenmoral oder die Politik oder sonst eine zweifelhafte wissenschaftliche Kategorie verwiesen, muss es stets um sein wissenschaftliches Dasein ringen und stets darauf bedacht sein, gegnerische Argumente durch den Nachweis zu entkräftigen, dass es auf demselben Fundamente ruhe, wie Staats-, Process-, Straf- und Privatrecht.

Alle Versuche, das Völkerrecht zu begründen, können auf zwei Grundformen zurückgeführt werden. Entweder man geht speculativ vor und sucht nachzuweisen, dass ein substantielles Moment vorhanden sei, aus welchem mit logischer Nothwendigkeit die Existenz einer über den Staaten stehenden Rechtsordnung gefolgert werden könne, oder man zeigt, dass derselbe Rechtsbegriff, der den unbezweifelten Theilen des Rechts zu Grunde liegt, auch das Wesen der für die internationalen Beziehungen giltigen Bestimmungen bilde. So unentbehrlich die erste Art für eine den letzten Gründen nachforschende Betrachtung ist, so unmöglich es ist, eine Rechtsordnung in ihrem innersten Wesen zu begreifen, wenn man jenes substantielle Moment ausser Acht lässt, so wird doch der Jurist im Innern seines Herzens nur dann von der Rechtsqualität des Völkerrechts völlig überzeugt sein, wenn ihm im Völkerrechte derselbe formale Grund aufgewiesen wird, auf dem die Gebäude der anderen juristischen Disciplinen errichtet sind. Ob man mit Suarez und Bluntschli von der Idee der Menschheit ausgeht, ob man mit Kaltenborn und Mohl die vernünftige Ordnung der internationalen Gemeinschaft, mit Savigny und Hälschner das Rechtsbewusstsein der Völker als die materielle Quelle des Völkerrechts betrachtet, immer bleibt die Frage übrig, wie dieses Recht juristisch zu denken sei, wie es in Uebereinstimmung zu bringen sei mit den Grundsätzen, welche, ein Ergebniss eindringender wissenschaftlicher Untersuchung, als Bedingungen eines jeden Rechts von der juristischen Wissenschaft festgesetzt worden sind. Die scharfe formelle Ausbildung, welche der Rechtsbegriff durch die systematischen Arbeiten der letzten Jahrzehnte erfahren hat, lässt alle aus der reinen Rechtsidee fliessenden Forderungen, bei allem sonstigen Werthe, den sie besitzen, nicht mehr als ein Recht im formalen Sinne erscheinen, welcher neben, über oder gar gegen das positive Recht seine Existenz behauptet, sondern erkennt den Rechtscharakter nur solchen Sätzen zu, deren praktische Geltung unmittelbar feststeht. Als rechterzeugendes Organ aber kennt die Jurisprudenz nur einerseits das Volk in seiner natürlichen Existenz, das auf dem Wege der Gewohnheit sich der Normen bewusst wird, welche das Thun und Lassen der Volksgenossen regeln, andererseits das Volk als organisirte Einheit, als Staat, welcher als souveräner Wille der Gesammtheit das Recht setzt und erhält. Als Wille der Gemeinschaft, sei es des Volkes, sei es des Staates[1], muss ein jeder Satz nachgewiesen werden, der den Anspruch erhebt, als Rechtssatz zu gelten. Hiemit ist für eine juristische Begründung des Völkerrechts der einzig mögliche Weg gewiesen. Es muss aufgezeigt werden als begründet in dem freien Willen der Staaten oder Völker, ein Gedanke, der schon dem Vater der Völkerrechtswissenschaft vorgeschwebt

---

[1] Auch der Recht erzeugende Wille der autonomischen Körperschaften fällt unter den Begriff des Staatswillens, insofern jener nur dadurch Recht schafft, dass der Staat seine Qualität als Rechtsquelle anerkennt, d. h. dass er stillschweigend oder ausdrücklich die autonomen Willensäusserungen als seine eigenen anerkennt.

hat.²) Aber erst durch **Hegel** und seine Schule ist energisch als der unverrückbare Ausgangspunkt des positiven Völkerrechts, wenigstens für so lange als keine den Staaten übergeordnete Gewalt existirt, der Satz betont worden, dass die Rechte der Staaten „nicht in einem allgemeinen über sie constituirten, sondern in ihrem besondern Willen ihre Wirklichkeit haben".³) Als Grund- und Eckstein einer juristischen Construction des Völkerrechts muss der Satz gelten, dass die „Hauptfactoren zur Setzung und Durchsetzung des Völkerrechts die allein berufenen **Subjecte des Völkerrechtes, die Staaten bleiben**". ⁴)

Ich habe diese Bemerkungen vorangeschickt, um meine Stellung zu einem Problem zu kennzeichnen, welches zu den

---

²) **Hugo Grotius.** *De Jure Belli ac Pacis. Proleg.* 40: *quod enim ex certis principiis certa argumentatione deduci non potest, et tamen ubique observatum apparet, sequitur, ut ex voluntate libera ortum habeat.* Vgl. A. Bulmerincq, Praxis, Theorie und Codification des Völkerrechts. Leipzig 1874. Seite 72.

³) Hegel, Grundlinien der Philosophie des Rechts, §. 333. Wenn R. v. Mohl, Die Geschichte und Literatur der Staatswissenschaften, I. Bd., S. 382; gegen Pütter bemerkt, dass die Begründung des Völkerrechts auf den freien Staatswillen zu einem Chaos von Willkür und zur völligen Aufhebung des Völkerrechts führt, und wenn Bluntschli, Das moderne Völkerrecht als Rechtsbuch dargestellt. 3. Auflage, 1878, S. 60, denselben Gedanken Ausdruck verleiht, so negiren sie damit die Anwendbarkeit des Rechtsbegriffs auf das Völkerrecht, ja sogar auf das ganze innerhalb des Staates geltende Recht. Ruht doch dieses seiner formal-juristischen Seite nach unbezweifelt auf der Freiheit des Staatswillens, ohne dass deshalb die Rechtsordnung zu einem Chaos herabsänke. Diese Freiheit ist allerdings, wie wir bereits oben bemerkt haben, nicht der letzte, nicht der philosophische Grund des Rechts, der unseres Erachtens nur in einem objectiven Principe gefunden werden kann, aber für die **juristische** Construction ist, wie erwähnt, das substantielle Moment im Rechte ziemlich gleichgiltig, es ist, wenn man sich so ausdrücken darf, **metajuristischer Natur. Der Jurist darf und kann keinen andern** formellen Grund des Rechtes anerkennen, als den freien Willen der Volks- oder Staatsgemeinschaft, wenn er nicht die Grenzen preisgeben will, die **er** mühsam seinem Gegenstande gezogen hat und dadurch in eine Verwirrung und Unklarheit stürzen will, welche für ihn das wahre Chaos bedeutete. Uebrigens erkennt Bluntschli bereitwillig an, dass die Staaten gegenwärtig ihre Rechtsüberzeugung nur in der „bedenklichen Form einer vielstimmigen Erklärung" aussprechen a. a. O. S. 5.

⁴) Bulmerincq a. a. O. S. 7.

Grundfragen des Völkerrechts gehört, das aber merkwürdigerweise in neuerer Zeit gar nicht eingehend behandelt und dessen in der alten Literatur nur in unklarer, wenig präciser Weise gedacht worden ist. Zu den allerwichtigsten Momenten im internationalen Leben zählen die Verträge zwischen den Staaten. Durch sie hauptsächlich werden Grundsätze für das gegenseitige Verhältniss der Staaten aufgestellt, ihre Bedeutung für das Völkerrecht ist eine immense, denn sie bilden eine Hauptquelle für die Erkenntniss dessen, was die Staaten sich für ihre Beziehungen zu anderen als Recht setzen. Wenn nun angenommen wird, dass diese Verträge rechtlicher Natur sind, wenn sie Rechte gewähren und die Freiheit der Staaten binden, woher entspringt das objective Recht, nach welchem sie zu beurtheilen sind? Alles Recht setzt einen Massstab voraus, an dem es zu messen, Normen, durch welche es zu prüfen ist. Die Staatenverträge können nur dann einen rechtlichen Charakter haben, wenn solche Normen existiren, welche über den Verträgen stehen, von welchen die Verträge ihre rechtliche Geltung empfangen. In der That finden sich in jedem Lehrbuche des Völkerrechts eine ganze Reihe von rechtlichen Bestimmungen, welche die Entstehung, den Inhalt, die Wirkung, die Modalitäten und die Endigung der Verträge regeln sollen. Welcher Quelle entspringen nun die Rechtssätze, welche die Vertragsverhältnisse unter den Staaten beherrschen sollen? Sind es Sätze des Naturrechts, da viele dieser Normen den früher im natürlichen Privatrechte aufgestellten Bestimmungen so ähnlich sind? Sind es Abstractionen aus dem modernen Obligationenrecht, welche *per analogiam* auf die Verträge zwischen Staaten übertragen worden sind? Sind es Völkergewohnheiten, denen sie ihren Ursprung verdanken, oder beruhen sie auf dem in Form Gesetzes erklärten Willen des Staates? So sorgfältig das ältere Völkerrecht zwischen den verschiedenen Quellen des internationalen Rechts unterschied, so hat es doch nie im Einzelnen untersucht, welche Sätze dem angeblichen natürlichen, dem Vertrags-, dem Gewohnheitsrechte u. s. w. angehören. Höchstens stellte man die dürftigen Sätze, welche dem *jus gentium necessarium* angehören sollen, an **die Spitze der Untersuchung**, um dann, unbekümmert um den Ursprung der einzelnen Völkerrechtssätze, die ganze Materie abzuhandeln. Wie dem auch sei, für die Wissenschaft bleibt die Aufgabe übrig, zu zeigen, „dass die Völkerverträge Etwas sind" [5]) und dieses Etwas mit juristischer Schärfe zu bestimmen, eine Aufgabe, die wohl zu den schwierigsten der Wissenschaft zählt. Mit vollem Recht bemerkt E. Meier: „Die Frage nach dem Vorhandensein objectiver Rechtssätze unterliegt für das Völkerrecht grösseren Schwierigkeiten als für irgend ein anderes Rechtsgebiet. Denn die ausdrücklichen Verabredungen unter souveränen Staaten beziehen sich bis auf den heutigen Tag mehr auf die Festsetzung subjectiven als objectiven Rechts, mehr auf Rechtsverhältnisse, als auf Rechtsnormen und Rechtseinrichtungen." [6]) Das hier aufgeworfene Problem spitzt sich also zu der Frage zu, ob und auf welchem Wege der Staat objectives Völkerrecht schafft, wie er Rechtssätze producirt, die für seine eigenen Handlungen bindend sind.

Zur Lösung dieses Problems ist vorerst eine andere Frage zu beantworten, welche zu den principiellen des ganzen Rechts gehören und von deren Beantwortung nicht nur die juristische Existenz des Völkerrechts, sondern der Charakter des Rechts überhaupt abhängt. Alles Recht ist Wille der staatlichen Gemeinschaft, der in Form des Gesetzes oder der Rechtsgewohnheit auftritt. Demnach kann ein Recht für den Staat selbst nur geschaffen werden, wenn dieser im Stande ist, sich selbst Vorschriften zu geben, an deren Befolgung er gebunden ist. Es ist nicht genügend, nachzuweisen, dass das Völkerrecht Staatswille ist, wie es erst jüngst wieder in der trefflichen Arbeit Bergbohm's geschehen ist. [7]) Es erschöpft

---

[5]) Heffter, Das europäische Völkerrecht der Gegenwart. 3. Aufl., § 81.
[6]) Ueber den Abschluss von Staatsverträgen, Leipzig 1874, S. 36
[7]) Staatsverträge und Gesetze als Quellen des Völkerrechts, Dorpat 1877, S. 18 ff. Wenn Bergbohm, S. 19, die Frage aufwirft: „Ihren eigenen Willen können sie (die Staaten) doch unbeschadet ihrer Selbstständigkeit für sich gelten lassen? Oder müssen sie wirklich ihren eigenen Willen gerade deshalb verläugnen, weil der Wille einiger oder vieler anderer Staaten genau denselben Inhalt hat?" so ist es eben der Kernpunkt der juristischen Begründung des Völkerrechts, die Antwort auf diese Frage zu motiviren, indem man zeigt, dass der eigene Wille des Staates für diesen Recht schaffen kann.

das Wesen des Rechts nicht, dass es Staatswille ist, denn nicht der Staatswille schlechthin, sondern der **verpflichtende** Staatswille ist Recht. Recht schafft der Staat nur dadurch, dass er sich an einen Willen mit einer Norm wendet.⁸) Nur indem er Vorschriften aufstellt, welche einen Willen in seinem Thun uud Lassen beherrschen, ist der Staat der Schöpfer des Rechts. Jeder Act, durch welchen der Staat Recht schafft, muss aufgefasst werden als ein Act der Verpflichtung.⁹) Es ist nun nach den herrschenden Ansichten unbestritten, dass der Staat durch seine Normen einerseits seine Unterthanen, anderseits diejenigen seiner Organe verpflichten kann, welche für die Aufrechthaltung des betreffenden Rechtssatzes zu sorgen haben. Jeder Rechtssatz bindet sowohl Diejenigen, an die er unmittelbar gerichtet ist, als auch die staatlichen Organe, insoferne diese verpflichtet sind, ihn gegebenen Falles zur Geltung zu bringen. Es handelt sich nun darum, ob es möglich ist, noch eine dritte Richtung des Staatswillens nachzuweisen, ob nämlich der Staat **seinem eigenen Willen** verpflichtende Vorschriften zu geben im Stande ist. Und zwar muss dieser Nachweis gelingen an dem, was unzweifelhaft als Recht gilt. Es muss aufgezeigt werden, dass es in dem innerstaatlichen Rechte ein reflexives Moment gibt, dass Rechtssätze, deren juristische Qualität feststeht, vorhanden sind, welche vom Staate ausgehen und den Staat

---

⁸) **Thon**, Rechtsnorm und subjectives Recht, Weimar 1878, S. 8: „Das gesammte Recht einer Gemeinschaft ist nichts als ein Complex von Imperativen", ein Satz, dem ich insoferne zustimme, als auch die erlaubenden Rechtssätze, die Thon eliminiren will, eine negative Seite haben, von der aus gesehen sie als Befehle erscheinen. Vgl. **Binding**, Kritische Vierteljahrsschrift, 21. Bd. (1879), S. 561. Wenn **Zorn**, Die deutschen Staatsverträge, Zeitschrift für Staatswissenschaft, Bd. 36, S. 6 der Thon'schen Definition die Worte hinzufügt: „welche der Staat an seine Unterthanen richtet und mit Zwang schützt", so trifft ihn der berechtigte Vorwurf, den v. Kaltenborn den Leugnern des Völkerrechts macht, dass man sich das Recht in der Weise zuschneidet, dass das Völkerrecht nicht mehr Recht sein könne. Vgl. v. Kaltenborn, Kritik des Völkerrechts, S. 307. Hingegen hat Zorn darin ganz Recht, dass auch das Gewohnheitsrecht sich unter die Thon'sche Definition subsumiren lässt, a. a. O. S. 7.

⁹) „Jede Rechtsnorm lässt sich in der Form ausdrücken: „Du bist verpflichtet." Zitelmann, Irrthum und Rechtsgeschäft, Leipzig 1879, S 223.

binden. Gelingt dieser Nachweis, so ist damit die juristische Basis des Völkerrechts gefunden. Misslingt er, so ist eine Construction des Völkerrechts auf Grund des in dem innerstaatlichen Rechte enthaltenen Rechtsbegriffes nicht möglich. Das Völkerrecht ist dann nicht in jenem Sinne Recht, in welchem es das Privatrecht, das Strafrecht oder irgend ein anderer Theil der vom Staate ausgehenden Rechtsordnung ist, ja es ist damit den Leugnern des Völkerrechts im Grunde Alles eingeräumt, was sie nur wünschen, denn ob man die unabhängig von dem staatlichen Willen existirenden Normen, welche den Staat binden sollen, ein Völkerrecht oder eine Völkermoral nennt, ob man sie als unvollkommenes oder als unentwickeltes Recht oder als Klugheitsregeln bezeichnen will, ist im Grunde nur ein Wortstreit für den Juristen. Es fehlt dann jedes Kriterium, um das, was in jenen Sätzen Recht sein soll, abzusondern von Bestimmungen, welche einem anderen als dem Rechtsgebiete angehören.

Somit hängt nicht nur unser Eingangs formulirtes Problem, sondern auch die ganze juristische Existenz des Völkerrechts von dem Nachweise ab, dass der Staat durch seine Normen sich selbst verpflichten kann, dass es möglich ist, dass Verpflichtender und Verpflichteter in einer Person existiren können. Ist dieser Nachweis gelungen, dann muss gezeigt werden, dass auch in seinen Beziehungen nach Aussen der Staat sich selbst Normen schafft, dass auch hier ein Verpflichtungsverhältniss existirt, in welchem der Recht Setzende und derjenige, dem das Recht gesetzt ist, identisch sind. Denn nur sich selbst kann der Staat sich unterordnen[10] und nur, wenn er sich sich selbst unterordnen kann, ist er im Stande, sich ein Recht nach Aussen zu setzen.[11]

---

[10]) Gewiss ist Lasson, Princip und Zukunft des Völkerrechts, Leipzig 1871, S. 22, so viel zuzugeben, dass „der Staat sich niemals einer Rechtsordnung, wie überhaupt keinem Willen ausser ihm unterwerfen kann."

[11]) Ganz consequent kommt J. v. Held zur Leugnung des juristischen Charakters des Völkerrechts, weil er das hier vorhandene Verpflichtungsverhältniss nicht zu erkennen vermag: „Zu den Disciplinen des öffentlichen Rechts im juristischen Sinne des Wortes gehört es (das Völkerrecht) nicht, weil es rechtlich ausschliesslich auf der freien Uebereinkunft beruht, ihm also das unentbehrliche öffentlich-rechtliche Pflichtverhältniss, welches das Spe-

Gegen die Möglichkeit der juristischen Begründung des Völkerrechts auf der staatlichen Autonomie hat sich Fricker in einem gegen Bergbohm's Ausführungen gerichteten Aufsatz erklärt. [11a]) Der eigene Wille des Staates kann kein Recht für denselben schaffen, selbst wenn der Staat für sein Verhalten Regeln feststellt. Ein rechtliches Gebundensein des Staates gibt es nicht, denn die Consequenz des eigenen Willens steht ausserhalb des Rechts.

Den Beweis für diese Behauptungen ist aber Fricker schuldig geblieben; sie sind eben die Consequenz des *a priori* aufgestellten Satzes, dass alle Rechtsnormen Zwangsnormen sind, womit die, wie wir sehen werden, höchst wichtigen rechtlichen Erscheinungen, welche sich dieser Definition nicht fügen wollen, ohne nähere Prüfung aus dem Gebiete des Rechts hinausgewiesen werden. Vor Allem müssen dann diejenigen Handlungen, welche in freier Befolgung des Rechtsgebotes vollbracht worden, der juristischen Qualification gänzlich ermangeln. Wenn die Consequenz des eigenen Willens ausserhalb des Rechts steht, dann würde mit der Aufnahme des Gesetzes in den Willen dasselbe verschwinden und für den Gerechten gäbe es kein Recht mehr.

Wir wollen indessen unserer Untersuchung nicht vorgreifen. Das beste Argument gegen die gegnerische Behauptung kann nur darin bestehen, dass der Nachweis gelingt, dass eine Selbstverpflichtung des Staates möglich sei und es Rechtssätze gebe, welche eine staatliche Selbstverpflichtung in sich schliessen. Wir haben daher zunächst die Frage zu beantworten: Kann sich der Staat durch seine Normen selbst verpflichten?

---

cielle dem Allgemeinen unterordnet, fehlt." Grundzüge des allgemeinen Staatsrechts, Leipzig 1868, S. 277.

[11a]) Noch einmal das Problem des Völkerrechts. Zeitschrift für d. ges. Staatswissenschaft. Bd. 34. S. 368 ff.

I.

Der Gedanke stutzt im ersten Momente vor der Vorstellung einer Selbstverpflichtung des Staates. Innerhalb des Staates können dem Unterthan durch den Staatswillen Verpflichtungen auferlegt werden, der Staatswille kann den Willen des Einzelnen an die von diesem abgegebene Erklärung binden. Wie ist aber ein Sichselbstbinden auch nur logisch möglich? Kann Derjenige, den nichts bindet als sein eigener Wille, sich nicht durch eben diesen Willen wieder von dem selbstgesetzten Bande lösen? Der Staat als das Subject des allgemeinen Willens kann ja juristisch Alles, er kann sich daher auch von den Verpflichtungen befreien, die er auf sich genommen hat, ohne ein Unrecht zu begehen, denn er ist die Quelle alles Rechts. Der allgemeine Wille kann von keinem Rechtsgesetz gebunden werden!

Bevor wir jedoch an die weitere Untersuchung schreiten, wollen wir den dunkeln und in seinem inneren Wesen unerforschten Begriff des Staates, an dem Metaphysiker, Psychologen, Sociologen und Theologen sich herumquälen, durch den klaren, für den Juristen einzig und allein interessanten Begriff der Staatsgewalt ersetzen. Nicht die Substanz, das An-sich des Staates kümmert den Juristen, sowie der Psycholog sich nicht um die Seele, sondern nur um die psychischen Zustände, sowie der Mathematiker sich nicht um das Wesen des Raumes, sondern um die räumlichen Figuren kümmert. Es ist die nie gelöste Aufgabe der Philosophie, jenes

An-sich der Dinge, welches unter ihren Functionen verborgen liegt, zu erforschen. Der Jurist hat es nur mit den **Thätigkeitsäusserungen** des Staates zu thun, nur der wollende und handelnde Staat ist es, um den der Jurist sich kümmert. **Daher gibt es keine knappere und treffendere Definition des Staatsrechts als die Gerber's: „Das Staatsrecht ist die Lehre von der Staatsgewalt".** [12]) Um allen Einwänden zu entgehen, welche aus irgend einer Theorie **von der** substantiellen Natur des Staates hergeholt werden könnten, erklären wir, dass, wenn wir jetzt vom Staate sprechen werden, wir ihn vorderhand nur seiner formal-juristischen Seite nach als Staatsgewalt vor Augen haben.

Hören wir nun zunächst die älteren Lehren vom Staate, so ist nach den meisten die Idee der Souveränetät unverträglich mit der Möglichkeit einer rechtlichen Selbstverpflichtung des Souveräns durch seine Gebote. Besonders bei den Absolutisten finden wir die entschiedenste Leugnung eines solchen Verhältnisses. Der Vater der Lehre von der Souveränetät, Jean Bodin, der von der principiellen Anschauung ausgeht, dass die Staatsgewalt Jemandem übertragen werden könne, *„pour disposer des biens, des personnes, et de tout l'estat à son plaisir"* [13]) und der für die Souveränetät keine andere Schranke kennt, *„que la loy de Dieu et de nature ne commande"* [14]) erklärt ganz consequent: *„Si donc le prince souverain est exempt des loix des ses predecesseurs, beaucoup moins seroit-il tenu aux loix et ordonnances, qu'il fait; car on peut bien recevoir loy d'autruy, mais il est impossible par nature de se donner loy, non plus que commander à soimesme chose qui depend de sa volonté, comme dit la loy: Nulla obligatio consistere potest, quae a voluntate promittentis statum capit: qui est une raison necessaire, qui monstre évidemment, que le Roy ne peut estre suget à ses loix."* [15]) Denselben Gedankengang verfolgt der eifrigste Vertheidiger der Lehre

---

[12]) Grundzüge eines Systems des deutschen Staatsrechts. 2. Aufl., S. 3.
[13]) *Les six livres de la République.* Paris 1576. Bd. I. Ch. IX. p. 129.
[14]) ib. p. 132 u. 133. Der Souverän kann sich nach Bodin auch dann nicht binden, wenn er wollte: *„Le prince souverain ne se peut lier les mains, quandores il voudroit."* p. 133.
[15]) ib. p. 130.

von der absoluten Staatsgewalt, Hobbes: „*Neque sibi dare aliquid quisquam potest; neque sibi obligari. Nam cum idem esset obligatus et obligans, obligans autem liberare obligatum possit, frustra esset, sibi obligari, quia se ipsum potest arbitratu suo liberare; et qui hoc potest, actu iam liber est. Ex quo constat, legibus civilibus non teneri ipsam civitatem. Nam leges civiles sunt leges civitatis; quibus si obligaretur, ipsa obligaretur sibi.*" Ja, Hobbes geht noch weiter als Bodin, der Verträge zwischen Souverän und Unterthan als bindend erklärt. Er behauptet nämlich ferner: „*Neque obligari potest civitas civi. Quoniam enim hic illum, si voluerit, potest obligatione liberare et vult quoties ipsa vult (quia civis cuiusque voluntas in omnibus rebus comprehenditur in voluntate civitatis), libera est civitas quando vult, hoc est, actu iam liber est. Concilii autem sive hominis, cui summum imperium commissum est, voluntas est voluntas civium. Complectitur ergo voluntates singulorum civium; neque igitur tenetur is, cui summum imperium commissum est legibus civilibus; hoc enim est obligari sibi, neque cuiquam civium.*" [16]) Diese schroffe Auffassung des Wesens der Staatsgewalt, die auch nur die Denkbarkeit einer Selbstverpflichtung zurückweist, kehrt ungemildert bei Rousseau wieder, der in diesem Punkte sich als Schüler des Vertheidigers der absoluten Fürstengewalt erweist: *Il faut remarquer, que la délibération publique, qui peut obliger tous les sujets envers le souverain — — ne peut — — obliger le souverain envers lui-même, et que par conséquent il est contre la nature du corps politique que le souverain s'impose une loi, qu'il puisse*

---

[16]) *De cive* c. *VI. 14.* Ganz wie Hobbes, sogar sich auf ihn berufend, Puffendorf, *de jure* naturae et gentium lib. *VII.* c. *6, 3*: *Humanae autem leges nihil aliud sunt, quam summi imperii decreta circa ea, quae subjectis ad salutem civitatis observanda sunt — — Hisce directe non obligari summum imperium potest. Summum enim est: ergo a superiore homine obligatio ipsi non potest accedere. Seipsum autem per modum legis, id est, per modum superioris obligare nemo potest.* Von späteren vorkantischen Naturrechtslehrern huldigen demselben Grundsatze u. A. Achenwall, *Jus naturae Ed. sept. tom. II. §. 34. Quoniam porro imperans legem ferens obligationem imponit subditis, non sibimet ipsi; imperans legibus a se latis naturaliter ipse non tenetur.*" Ferner Höpfner, Naturrecht, 6. Aufl. Giessen 1795. §. 185, Anm. 2. Dagegen jedoch besonders Schnaubert, auch der Regent ist an die von ihm gegebenen Gesetze gebunden. Aus dem Lateinischen von Hagemeister. Rostock und Leipzig 1795.

enfreindre. Ne pouvant se considérer que sous un seul et même rapport, il est alors dans le cas d'un particulier contractant avec soi-même; par où l'on voit, qu'il n'y a ni peut y avoir nulle espèce de loi fondamentale obligatoire pour le corps du peuple, pas même le contrat social." [17]) Auch das deutsche Naturrecht hat in keinem Geringeren als in Kant einen Anhänger der Lehre von der formellen Unbeschränkbarkeit der Staatsgewalt. Der Einfluss Rousseau's verleugnet sich nicht, wenn er den Satz aufstellt: „Der Herrscher im Staate hat gegen den Unterthan lauter Rechte und keine (Zwangs-)Pflichten." [18]) Aber nicht nur das alte Naturrecht, auch die neuere Rechtsphilosophie hat Vertreter, die sich zu dieser Anschauung bekennen. So sagt Stahl, dass „der Staat, wenn auch die souveräne, doch nicht die absolute Macht, formell, aber nicht materiell unbeschränkt sei". [19]) Ferner „kann überhaupt der Gesetzgeber selbst nicht durch seine Gesetze gebunden sein". [20])

Die Quelle aller dieser Ansichten ist in dem Satze des römischen Rechtes zu suchen: *Princeps legibus solutus est*, und es war natürlich, dass gerade in der Zeit, wo die moderne Staatsidee mit den überkommenen Institutionen des Mittelalters zu kämpfen hätte, die Unumschränktheit der Staatsgewalt von den Vertretern der neuen Ideen besonders scharf hervorgehoben wurde, sowie, dass die revolutionäre Staatslehre der Theorie von der unverpflichtbaren Souveränetät sich mit Freuden bemächtigte. Aber schon frühe sehen wir selbst die Vertreter des Staatsabsolutismus nach Garantien suchen, welche die Gewissheit gewähren, dass die Staatsgewalt

---

[17]) *Du contrat social. Livre 1, ch. VII.*

[18]) Rechtslehre §. 49. Allgemeine Anmerkung A. W. W., herausgeg. v. Rosenkranz und Schubert. Bd. 8, S. 165.

[19]) Staatslehre. 3. Aufl., S. 155.

[20]) Ebd. S. 282. Andere Stellen lassen die Auffassung Stahl's anders erscheinen, wie er sich denn überhaupt durch seine dialektische Geschicklichkeit oft um die Probleme herumredet. So sagt er z. B. S. 189: Das Gesetz ist Grund und Voraussetzung der Staatsgewalt, durch welche sie Staatsgewalt ist — — auf der anderen Seite ist die Staatsgewalt wieder Grund und Voraussetzung des Gesetzes — — es besteht zwischen Gesetz und Staatsgewalt, wie in der Persönlichkeit und im Organischen, wechselseitige Voraussetzung und Wechselwirkung.

zum Besten der Unterthanen ausgeübt werde. Schon Bodin nennt die *loy de Dieu et de nature* als Schranke, welche der souveränen Gewalt gezogen ist. Bei aller Anerkennung der formalen Ungebundenheit der Staatsgewalt suchen die Absolutisten wenigstens moralische Schranken für dieselbe zu finden. Bei ihnen allen bricht der natürliche Gedanke durch, dass der Staat, wie überhaupt jede menschliche Gewalt, nicht als baare Willkür existiren dürfe, und so suchen sie die dem Staate zugestandene formelle Willkür durch ein materielles Princip, welches die Träger der Staatsgewalt verpflichtet, zu mässigen. Von anderer Seite aber werden nicht nur moralische Schranken der Ausübung der Staatsgewalt zu ziehen versucht, sondern es tritt die Idee auf, sie in ein rechtlich abgegrenztes Gebiet zu bannen. Allerdings sind dies vorläufig nicht positiv rechtliche Schranken, sondern die Regulirung der Staatsgewalt wird aus dem Naturrecht deducirt. Entweder geht man von privatrechtlicher Staatsauffassung aus und lässt die Inhaber der Staatsgewalt als gebunden erscheinen durch die Versprechen, welche sie ihren Unterthanen geleistet haben und die von diesen angenommen worden sind, oder man zieht der Staatsgewalt unverrückbare Grenzen durch den Inhalt der der staatlichen Vereinigung zu Grunde liegenden Verträge, welche der Staatsgewalt nur ein beschränktes Mass von Macht, nur so viel einräumen, als zur Erreichung der Staatszwecke unumgänglich nothwendig ist. Das *pactum unionis* und *subjectionis* enthält die Legitimation zur Ausübung der höchsten Gewalt. Was in diesen *pactis* nicht gewährt wurde, das steht der obersten Gewalt nicht zu. In der deutschen Staatsphilosophie taucht ferner der grosse Gedanke auf, dass der Staat an seinem Wesen eine Schranke finde; ein Gedanke, von dem sich der deutsche Geist seit Thomasius und Wolff nicht mehr abgewendet hat. [21]) So gewaltig ist der natürliche Drang, eine

---

[21]) Die erste scharfe **und klare Formulirung bei Wolff**, *Institutiones juris nat. et gentium* §. 980: *Imperium civile cum metiendum sit ex fine civitatis; idem non extenditur ultra eas civium actiones, quae ad bonum publicum consequendum pertinent, consequenter cum nonnisi quoad easdem libertas naturalis singulorum restringatur, quoad ceteras actiones ea illibata manet;* ferner: Vernünftige Gedanken von dem gesellschaftlichen Leben der Menschen §. 215 und andere Stellen.

Grenze zwischen Individuum und Staat zu finden, dass selbst ein so entschiedener Vertheidiger der absoluten Staatssouveränetät, wie Rousseau, im Widerspruch zu seinen Voraussetzungen dazu gelangt, ein Capitel seines *contrat social* mit der Ueberschrift: *Des bornes du pouvoir souverain* zu versehen. [22])

Das Naturrecht also, welches von der Anschauung ausgeht, dass ein Sichselbstbinden der Staatsgewalt logisch unmöglich ist, sieht sich genöthigt, den formellen Mangel durch ein substantielles Moment zu ersetzen. Ja, von dem Augenblicke an, wo es als geistige Macht in den Kampf gegen das herrschende Regierungssystem eintritt, wird es seine Hauptaufgabe, den Punkt zu finden, von dem aus die unverrückbare Grenze zwischen den Rechten des Staates und des Einzelnen gezogen werden kann. Von Grotius und Spinoza, von Locke und Algernon Sidney angefangen, bis auf Rousseau und Fichte ist das die grosse Frage, welche die philosophische Rechtslehre bewegt.

Wie steht es nun mit der Richtigkeit der Behauptung der Unmöglichkeit einer juristischen Verpflichtung des Staates, welche auch vielen der heutigen Juristen geläufig ist? [23]) Ist die Idee, dass Verpflichtender und Verpflichteter eine und dieselbe Person sind, wirklich so widersinnig? Wenn wir von der Rechtslehre in die Ethik blicken, so begegnet uns die Vorstellung von dem Unterwerfen des Willens unter seine eigenen Gebote als der Grund- und Eckstein der modernen Ethik. Die moderne Ethik ist aufgebaut auf dem Grundsatze der Autonomie. Nur jene Handlungen haben vollen sittlichen Werth, welche der sittlichen Gesinnung entspringen, d. h., welche dem nur von dem selbstgesetzten Sittengebote geleiteten Willen entstammen. Keine äussere Autorität, nur die Gesetze, welche er sich selbst vorgeschrieben hat, deren Be-

---

[22]) *Livre. II. ch. IV.* Vgl. Warnkönig, die gegenwärtige Aufgabe der Rechtsphilosophie. Zeitschrift f. d. g. Staatswissenschaft, Bd. 7, S. 502.

[23]) Erst neuerdings wieder Zorn. S. oben N. 8. Die principielle Möglichkeit einer Selbstverpflichtung anerkennt von Windscheid, Pandekten 3. Aufl., §. 305. Anmerkung: „Warum sollte nicht Jemand durch seinen Willen sich selbst ein Gesetz geben können, wie der Erblasser im Vermächtniss den Erben ein **Gesetz** setzt?"

folgung es sich selbst durch sein Gewissen befiehlt, sollen den
sittlich handelnden Willen binden. Aber nicht nur die theoretische Sittenlehre, auch das praktische Leben bietet uns
eine Fülle von Beispielen für die Selbstverpflichtung. Grundsätze haben, einen starken Charakter besitzen, was heisst das
anders, als die Fähigkeit haben, seine Entschlüsse zu bindenden
Vorschriften für den Willen zu erheben, sie zum stärksten
Motiv gegen andere dagegen andringende zu machen, den
künftigen Willen zu leiten durch den gegenwärtigen? Worin
anders besteht die Willensstärke, als in dem Vermögen, den
Willen durch selbsteigene Entschlüsse zu einer constanten
Kraft zu erheben, die den gefassten Vorsatz unter allen Umständen ausführt? Der Act der Verpflichtung ist ein Vorgang
der Motivation, er besteht darin, dass an einen Willen die
Anforderung gestellt wird, ein bestimmtes Motiv als das absolut stärkste anzusehen. Von wem diese Anforderung ausgeht, ob sie einer fremden Intelligenz oder dem Vorstellungsleben des Handelnden selbst entspringt, ist für den Act der
Verpflichtung gleichgiltig. Ja man kann noch weiter gehen
und sogar behaupten, dass gewissermassen jede Verpflichtung
Selbstverpflichtung ist, insoferne die fremde Vorstellung,
welche mich verpflichten soll, erst meine eigene Vorstellung
sein muss, ehe sie als Motiv auf den Willen einwirken kann.
Nur durch das Medium meines Intellects kann eine andere
Person meinen Willen bestimmen. Nur **meine** Vorstellungen
können mich bestimmen und das Gesetz, welches einer mir
fremden Macht entstammt, kann Leben und Kraft erst dann
gewinnen, wenn ich es selbst meinem Willen zur Richtschnur
vorgeschrieben habe.[24]) Von einer logischen Unmöglichkeit
eines Sichselbstverpflichten, von einem Widerspruche dieser
Vorstellung mit unseren Denkgesetzen, kann also nicht die
Rede sein.

---

[24]) „Der Versuch einer Gemeinschaft, durch ihre Befehle das Verhalten
der Genossen zu bestimmen, ist Versuch der Rechtssetzung. Das Befohlene
wird und bleibt Recht, wenn und so lange dieser Versuch gelingt. — Recht
ist Motivation, es hört auf Recht zu sein, wenn es nicht mehr als Motiv wirkt."
Thon, Der Rechtsbegriff in Grünhut's Zeitschrift f. d. Privat- u. öffentl.
Recht d. Gegenwart. Bd. 7, S. 247.

Nur von einem Standpunkte aus könnte man die Denkbarkeit der Selbstverpflichtung energisch und mit Erfolg bestreiten, von dem der absoluten Willensfreiheit, welche Freiheit mit Willkür identificirt. Wenn der Wille als durch vernünftige Motive nicht bestimmbar angesehen wird, dann freilich ist es unmöglich, von Grundsätzen und Gesetzen, aber natürlich auch von Ethik und Recht zu sprechen. Wenn Nichts die Gewähr dafür bietet, dass der Wille des Menschen im nächsten Momente derselbe ist, wie im gegenwärtigen, so wäre eine Gemeinschaft zwischen Menschen auch nicht eine Stunde möglich. Und wenn man auf den Staatswillen mit seiner zwingenden Macht hinweist, der die Constanz des Willens der Unterthanen verbürgt, woher nehmen wir denn die Gewissheit, dass dieser Staatswille, der doch auch Menschenwille ist, im nächsten Momente sich nicht geändert hat? Gäbe es eine solche Willkür, so wäre die Welt ein grosses Tollhaus, dessen Insassen von Verpflichtung, Zurechnung und Schuld sich eine Idee zu bilden unfähig wären.[25]) Die Leugnung der Möglichkeit einer Selbstverpflichtung aus dem Grunde, weil der freie Wille seine Freiheit auch in der Loslösung von dem einmal gefassten Entschlusse beweisen kann, führt daher, consequent zu Ende gedacht, zur Leugnung von Moral und Recht, zur Leugnung der Möglichkeit menschlicher Gemeinschaft. Ist also die Selbstverpflichtung einerseits logisch möglich, so ist sie andererseits sittlich und rechtlich nothwendig, rechtlich im Sinne der Rechtsidee, weil sie die unerlässliche Vorbedingung eines geordneten Gemeinlebens ist.

Eines ist jedoch hier zu bemerken. Die Selbstverpflichtung ist nicht so aufzufassen, als ob der einzelne Willensact es wäre, in dem der letzte Grund der Verpflichtung des Willens zu suchen sei. Es ist nichts als scholastische Spitzfindigkeit, wenn man behauptet, die Freiheit des Willens könne sich auch in dem Verzichten auf die Freiheit zeigen. Der verpflichtende Willensact ist nur der formale Grund der Verpflichtung und der Jurist kann sich bei dieser Vorstellung beruhigen.

---

[25]) Vgl. die treffenden Ausführungen von Eduard v. Hartmann, Phänomenologie des sittlichen Bewusstseins. Berlin 1879, S. 448 ff.

Der letzte psychologische Grund der Verpflichtung, sei es durch eigenen, sei es durch fremden Willen, besteht aber darin, dass der Wille sich durch seine Aeusserung als gebunden erachtet.

Die ganze Aufgabe der Rechtsphilosophie concentrirt sich in der Frage, weshalb der Wille sich als gebunden ansehen muss. Ob man mit der theologisirenden Rechtsschule das göttliche Gebot, mit der naturalistischen das Gesetz der menschlichen Natur, mit dem Naturrecht den Vertrag als Quelle der Rechtsordnung annimmt, immer handelt es sich um die Erklärung der räthselhaften psychologischen Erscheinung, dass der Wille sich als verpflichtbar und verpflichtet weiss. Wenn Kant die Discussion über den Grund der verpflichtenden Kraft der Verträge mit der Behauptung abschliessen wollte, dass er die Verpflichtung durch Vertrag als einen kategorischen Imperativ bezeichnet [26]), so hat er damit insoferne das Richtige getroffen, als der letzte psychologische Grund einer Verpflichtung nur in dem unmittelbaren Bewusstsein liegen kann, dass man sich verpflichtet weiss. Es liegt in dem angeblichen kategorischen Imperativ nur eine Umschreibung der Thatsache, dass eine weitere psychologische Ableitung des Bewusstseins der Verpflichtung nicht möglich ist. Wie dem auch sei, die Rechtsordnung setzt die Möglichkeit der Verpflichtbarkeit des Willens ebenso voraus, wie der Mathematiker den Raum und der Physiker die Atome. Eine Rechtsordnung, die Existenz eines allgemeinen Willens, der sich durch den Willen der Einzelnen in That umsetzt, ist nur möglich unter der Voraussetzung, dass der allgemeine Wille von den Einzelwillen, d. h. dass die Rechtsordnung von der Gemeinschaft, für welche sie bestimmt ist, als bindend angesehen wird.[27]) Wenn auch einzelne Widerstrebende durch die Macht der Gemeinschaft bezwungen werden können und ein Widerstand derselben unschädlich für das Recht ist, so ist ein Nichtanerkennen des Rechts durch die Gesammtheit gleichbedeutend mit der Vernichtung desselben. Die Anerkennung

---

[26]) Rechtslehre, §. 19.
[27]) Vgl. die klaren, von einem bei modernen Juristen selten gewordenen Verständniss der rechtsphilosophischen Probleme zeigenden Untersuchungen von **Bierling**, Zur Kritik der juristischen Grundbegriffe, 1. Theil, Gotha 1877.

des allgemeinen Willens durch die Gemeinschaft ist sein letzter formaler Grund. Und diese Anerkennung kann nur darin bestehen, dass man sich durch denselben für verpflichtet hält; „die Anerkennung, die das Recht zum Recht macht, ist nicht ein vorübergehender Act, sondern ein dauerndes habituelles Verhalten in Beziehung auf die betreffenden Rechtsgrundsätze." [28])

So verschwindet denn bei näherer Betrachtung das Befremdende, welches in der Idee der Rechtserzeugung durch autonomisches Binden des Willens liegt. Der Fehler des Naturrechts war es, dass es die Souveränetät im Sinne der Willkür auffasste, dass es nicht erkannte, dass Unabhängigkeit und Autonomie keine Gegensätze, sondern Correlata sind. Aus dem Wesen des Menschen, aus der Natur der Rechtsordnung ergibt sich nicht nur die Denkbarkeit, sondern auch die reale Nothwendigkeit der Selbstgesetzgebung. Daher besteht das Wesen der Souveränetät nicht nur in der Eigenschaft der Staatsgewalt als höchster Macht nach aussen, sondern vor Allem in der **Selbstherrlichkeit**, in der Macht, dem eigenen Willen Vorschriften zu geben, in der Fähigkeit, für sich Recht zu erzeugen. Mit tiefdringendem Blick hat L. v. Stein die Selbstherrlichkeit des Staates als das staatliche Rechtsprincip bezeichnet, welches den Staat von allen anderen Formen der Persönlichkeit auszeichnet. [29])

Haben wir so den abstracten Beweis für die Möglichkeit und Nothwendigkeit der Rechtserzeugung durch Selbstverpflichtung der Staatsgewalt geführt, so gilt es **nun**, die Probe an den Thatsachen zu machen. Es ist zu zeigen, dass in dem, was unzweifelhaft als Recht gilt, ein Moment vorhanden sei, welches nur auf die staatliche Selbstgesetzgebung zurückgeführt werden kann. Auf die Deduction soll die Induction folgen, um durch Analyse der concreten Erscheinungen als wirklich zu bestätigen, was sich uns *a priori* als nothwendig herausgestellt hat.

---

[28]) Bierling a. a. O. S. 8. Auch der Nachweis Bierling's, dass die Anerkennung als letzter juristischer Grund des Rechts nicht auf die Vertragstheorie hinausläuft, ist zu beachten.

[29]) Handbuch der Verwaltungslehre, 2. Aufl, S. 42.

Am reinsten und deshalb von den Gegnern der staatlichen Selbstverpflichtung oft als juristisch unqualificirbar bezeichnet, zeigt sich dieselbe in den Acten, durch welche die Staatsgewalt ihre bisherige staatsrechtliche Stellung aus freiem Entschlusse verändert, also hauptsächlich in den Fällen, wo ein unbeschränkter persönlicher Souverän erklärt, die Gesetzgebung in Zukunft nur mit Zustimmung Anderer auszuüben. So lange die Idee des Staates sich noch nicht rein und klar herausgebildet hatte, konnte man die Octroyirung einer Verfassung von Seite des Fürsten als einen Vertrag auffassen, der zwischen Fürst und Unterthanen geschlossen wurde. Dem modernen Staatsgedanken jedoch, welcher die Kategorie des Vertrags zur Erklärung der Erscheinungen des inneren Staatslebens fast gänzlich verbannt hat, kann in jenen Acten nur den ein für allemal bindenden Entschluss des Herrschers erblicken, ein Entschluss, der nicht nur für die Unterthanen, sondern auch für ihn selbst Recht erzeugt. Der Träger der Staatsgewalt unterwirft sich dem Gesetze, das er selbst aufgestellt hat.[30])

Von diesem Standpunkte aus müssen nun auch alle übrigen Schranken der Staatsgewalt beurtheilt werden. Das moderne Staatsrecht kennt unzweifelhaft Einschränkungen der Staatsgewalt, und zwar **positiv-rechtliche** Einschränkungen.[31]) Die

---

[30]) Vgl. Zöpfl, Grundsätze des allgemeinen Staatsrechts, 3. Aufl., S. 319. Ein auch der Form nach zutreffendes Beispiel der Selbstgesetzgebung im Diplom des Kaisers von Oesterreich vom 20. October 1860: „In Erwägung dass — — haben Wir — auf Grundlage der pragmatischen Sanction und Kraft Unserer Machtvollkommenheit Nachstehendes als ein beständiges und unwiderrufliches Staatsgrundgesetz zu Unserer eigenen, so auch zur Richtschnur Unserer gesetzlichen Nachkommen in der Regierung zu beschliessen und zu verordnen befunden."

[31]) Von den meisten Publicisten der neueren Zeit anerkannt, z. B. Schmitthenner, Zwölf Bücher vom Staate. 3. Bd., S. 288: „Die Grenzen der politischen Gewalt sind .... 2. Positiv-rechtliche (geschichtliche) durch die concrete Form und positive Verfassung des Staates gesetzte." Zöpfl, a a.O., S. 92. Dahlmann, Politik, S. 81: Es liegt nicht in dem Begriffe der Regierung, dass ihre Willenserklärung an keine Regel gebunden sei. Mohl, Staatsrecht, Völkerrecht, Politik. 2. Bd., S. 408. Gerber, Ueber öffentliche Rechte. Tübingen 1852, S. 79. Derselbe, Grundzüge d. allg. Staatsr. S. 31. 229. Hermann Schulze, Einleitung in's deutsche Staatsrecht. 2. Aufl., S. 165. J. v. Held, Grundzüge des allgemeinen Staatsrechts. S. 324.

ganze Idee des Rechtsstaates ist in dem Satze zusammengefasst, dass rechtliche Grenzen für die Ausübung der Staatsgewalt existiren. Da nun auf dem Gebiete des öffentlichen Rechts, wenigstens im modernen Staate, die Staatsgewalt ausschliesslich Erzeugerin des Rechts ist, so können jene Schranken nur als Resultat einer Selbstbeschränkung aufgefasst werden. Daher ist jeder Act des Staatswillens, der sich auf die Verfassung bezieht, zugleich eine Anforderung an den Staatswillen selbst. Was die Grundgesetze anbelangt, so hat „in ihrer Ertheilung, Abänderung, Ergänzung, die Staatsgewalt sich selbst zum Gegenstande." [32]) Die staatsbürgerlichen Rechte in ihrer rein negativen Natur als Erklärungen der Staatsgewalt, die Freiheit der Unterthanen in gewissen Beziehungen nicht zu hemmen, beruhen wesentlich auf Einengung des Herrschaftsgebietes der Staatsgewalt durch diese selbst, und Gerber konnte sie daher ganz gut in der imperativen Form verpflichtender Normen oder als verneinende Rechtssätze formuliren: Der Staat **soll nicht** die religiöse Ueberzeugung seiner Volksglieder beherrschen, er **soll nicht** die wissenschaftlichen Ueberzeugungen seiner Volksglieder beherrschen wollen, der Staat **kann** die freie Meinungsäusserung durch die Presse nicht von seiner vorherigen Genehmigung, Censur, abhängig machen u. s. w. [33]) Wer daher das Recht auf die von der Staatsgewalt an die Unterthanen erlassenen Normen

---

Hölder, Das Wesen des Staates. Zeitschrift f. d. g. Staatswissensch. Bd. 26, S. 651: „Das Staatsrecht ist der Inbegriff der rechtlichen, d. i. eben der von der Staatsgewalt selbst als solcher anerkannten Bedingungen, unter welchen allein ihre Wirksamkeit die Bedeutung und Geltung einer staatlichen dem Volke gegenüber beanspruchen darf." Laband, Das Staatsrecht des deutschen Reiches. II. Bd., S. 202: „Der Staat kann von seinen Angehörigen keine Leistung und keine Unterlassung fordern, er kann ihnen nichts befehlen und nichts verbieten, als auf Grund eines Rechtssatzes. Das ist das Merkmal des Rechtsstaates im Gegensatz zur Despotie."

[32]) Gerber, Grundzüge. S. 13. 14.
[33]) Gerber, Grundzüge. S. 34 ff. Laband, a. a. O. Bd. 1, S. 149: „Die Freiheitsrechte oder Grundrechte sind Normen für die Staatsgewalt, welche die Staatsgewalt sich selbst gibt." Gerade in der Auffassung der Grundrechte als blos verpflichtender Sätze des objectiven Rechts tritt der Charakter der staatlichen Selbstverpflichtung am deutlichsten hervor.

beschränkt, der muss consequenterweise die Rechtsnatur des Verfassungsrechts und damit *implicite* des ganzen Staatsrechts läugnen, welches ja auf dem Boden der Verfassung ruht.

Die von uns vertretene Ansicht, dass in den **grundlegenden Bestimmungen des Staatsrechts wesentlich Selbstverpflichtungen des Staates zu suchen sind**, wird mit einer principiellen Einschränkung gebilligt von der Normentheorie in der Ausbildung, die sie von Thon empfangen hat. Nach Thon kann der Staat auch für sein eigenes rechtliches Verhalten Normen aufstellen; eine derartige Beschränkung der eigenen Handlungsfreiheit enthält aber zunächst die Verkündigung des Entschlusses, künftighin in der oder jener Lage in gewisser Weise zu handeln. Erst die Vertheilung der verschiedenen staatlichen Functionen unter verschiedene Organe, insbesondere die Trennung der legislativen von der regierenden Gewalt, machen es möglich, dass dieser Willensentschluss, von bestimmten Organen des Staates gefasst und verkündigt, für den andern, zur Ausführung berufenen Theil zugleich einen Imperativ enthält.[34] Hiernach würde in der Selbstverpflichtung der Staatsgewalt eine Verpflichtung einer Richtung der Staatsgewalt durch die andere liegen. In den meisten Fällen trifft dies allerdings zu. Aber auch eine Verpflichtung der legislativen Gewalt durch sich selbst ist nicht nur denkbar, sondern auch thatsächlich vorhanden. Die Rechtssätze **über die politischen Freiheitsrechte** sind allerdings Normen für die verwaltende Thätigkeit des Staates, aber sie sind auch „Schranken der gesetzgebenden Gewalt insofern, als eine Beseitigung derselben nur durch verfassungsmässige Aufhebung eines Theiles der Grundgesetze möglich wird".[35] Die Bestimmungen für das verfassungsmässige Zustandekommen der Gesetze, der Grundsatz, dass Gesetzen keine rückwirkende Kraft beigelegt werden soll, die Erklärung der Unantastbarkeit erworbener Rechte können nur als rechtliche Einschränkungen,

---

[34] Rechtsnorm u. subj. Recht. S. 141. Ganz richtig führt Thon die privatrechtliche Stellung des Staates als Fiscus auf staatliche Selbstverpflichtung zurück. Vgl. Mohl, Encyclopädie der Staatswissenschaften, 1. Aufl. S. 193.

[35] Gerber, Grundzüge S. 36.

welche die gesetzgebende Gewalt sich selbst gesetzt hat, aufgefasst werden. Es liegt in ihnen mehr als ein Entschluss, es ist in ihnen eine wirkliche Vorschrift für den künftigen Staatswillen vorhanden.[36] Allerdings hat es nicht an Solchen gefehlt, welche in diesen Bestimmungen nur moralische Verpflichtungen erblicken wollten, was aber seinen Grund nur darin hat, dass diese mit einem *a priori* zu eng gefassten Rechtsbegriffe operirten, von dem aus die angeführten Sätze des Verfassungsrechtes als Rechtssätze allerdings nicht mehr begriffen werden können. So erklärt z. B. Bähr, dass der Satz, dass die Gesetzgebung wohlerworbene Rechte nicht verletzen dürfe, nur eine moralische Schranke für die Gesetzgebung sei[37], welche Behauptung jedoch in der *petitio principii* wurzelt, dass Recht und Gesetz nur da wahre Bedeutung und Macht gewähren, wo sie einen Richterspruch zu ihrer Verwirklichung bereit finden[38], ferner behauptet Max Seydel, ganz an Hobbes erinnernd, dass Derjenige, von dem das Recht ausgeht, über dem Rechte steht, dass der Wille des Herrschers Land und Leute ohne jede rechtliche Grenze umfasst, dass der Herrscherwille als Rechtsquelle nicht selbst Recht sein kann.[39] Daneben spricht aber Seydel von „gesetzlicher Beschränkung des Herrscherwillens", welche eine vom Herrscher sich selbst gesetzte ist[40]. Diesen Wider-

---

[36]) Dies zeigt am deutlichsten Art. I des Amendements vom 25. December 1791 zur Verfassung der Vereinigten Staaten von Nordamerika: „Der Congress soll nie ein Gesetz geben, wodurch eine Religion zur herrschenden erklärt oder die freie Ausübung einer andern verboten, oder wodurch die Freiheit im Reden oder die Pressfreiheit, oder das Recht des Volkes, sich freiwillig zu versammeln und der Regierung Petitionen wegen Abstellung von Missbräuchen zu überreichen, vermindert würde". Siehe Schubert, Die Verfassungsurkunden, I. Bd., S. 319.

[37]) Der Rechtsstaat, Cassel und Göttingen 1864, S. 50.

[38]) Ebd. S 12.

[39]) Allgemeine Staatslehre, Würzburg 1873, S. 9, 13, 61.

[40]) Ebd. S. 66. Wie man von diesem Standpunkte aus zu öffentlichen Rechten, zu Rechten gegen den Herrscher gelangen kann, wie dies bei Seydel der Fall ist, bleibt völlig unbegreiflich. Der Seydel'sche Unterschied zwischen Herrscher und Staat deckt sich genau mit dem Rousseau's zwischen *souverain* und *état*.

spruch zu lösen, macht S e y d e l nicht den geringsten Versuch.⁴¹) Auch Ihering, der, wie wir bald sehen werden, einer der eifrigsten und geistreichsten Vertreter der Ansicht von der Selbstbeschränkung der Staatsgewalt ist, fasst ganz im Stahl'schen Sinne die Gesetzgebung als absolut über dem Gesetze stehend auf. Jedes Gesetz, das sie erlässt, wie immer hier auch sein Inhalt beschaffen sein möge, ist im Rechtssinn ein vollkommen legaler Act, die Gesetzgebung kann daher im juristischen Sinne nie eine Willkür begehen, das würde heissen, dass ihr nicht das Recht zustünde, die bestehenden Gesetze zu ändern, ein Widerspruch der gesetzgebenden Gewalt mit sich selber.⁴²) Aber für die Aenderung des gesetzgeberischen Willens sind im Rechtsstaate stets gewisse Formen vorgeschrieben, Formen, ohne deren Innehaltung ein Gesetz gar nicht zu Stande kommen kann. Diese Formen beschränken den Willen des Gesetzgebers, und zwar weil er sie gewollt hat. Er kann allerdings diese Formen ändern, aber er ist durch das Wesen des Staates gezwungen, seine Willkür, die materiell gar nicht besteht, formell einzuengen, an Stelle der aufgehobenen Formen müssen neue treten, denn einen formlosen Staatswillen kennt der Staat nicht. Und wenn der Gesetzgeber die bestehenden Gesetze ändern kann, so ist doch stets ein neuer selbständiger Willensact zu einer solchen Aenderung nothwendig. So lange der Gesetzgeber nicht ein Anderes gewollt hat, sind die von ihm aufgestellten, an ihn sich richtenden Vorschriften für seinen Willen bindend. Nur dann wären die Selbstbeschränkungen der Gesetzgebung nicht rechtlicher Natur, wenn die Gesetzgebung als Willkür gefasst werden könnte, eine Auffassung, die dem Wesen des Staates von Grund aus widerstreitet. Wie aber der Gesetzgeber trotz der Selbstverpflichtung seines Willens juristisch im Stande ist, seinen Willen zu ändern, diesen für unsere Theorie so wichtigen Punkt werden wir bald zu erörtern haben.

---

⁴¹) Ferner ist Fricker zu den Leugnern einer rechtlichen Verpflichtung der Legislative zu zählen. S. oben S. 8. Vgl. a. a. O. S. 402: „Wenn der Staat kein Recht über sich hat, so ist er nur von seinem eigenen Willen gebunden, also rechtlich überhaupt nicht gebunden."

⁴²) v. Ihering, Der Zweck im Recht, 1. Bd. S. 350.

In dem Nachweis der Selbstverpflichtung der gesetzgebenden Gewalt liegt eigentlich der Schwerpunkt unserer Untersuchung. Denn an einer Verpflichtung anderer Staatsthätigkeiten durch die gesetzgebende kann füglich nicht gezweifelt werden. Dass Administration und Justiz von der Gesetzgebung Befehle empfangen können, gehört zu den fundamentalen Thatsachen des öffentlichen Rechts, ohne welche die Existenz einer Rechtsordnung gar nicht denkbar ist. Insofern die Staatsgewalt *in abstracto* als eine einheitliche gedacht werden muss, liegt allerdings auch hier eine Selbstverpflichtung vor, so dass jede Norm des öffentlichen Rechts ein Moment der Selbstverpflichtung enthält. So hat Binding mit vollem Recht hervorgehoben, dass die Normen des Strafgesetzes an den Staat selbst gerichtet sind.[43]) In der Gewährung öffentlicher Rechte an die Unterthanen verpflichtet sich der Staat den Unterthanen gegenüber zu gewissen Leistungen; vom Standpunkt des der Staatsgewalt Unterworfenen erscheint hier die Staatsgewalt selbst verpflichtet.[44]) Da aber die Ausführung des Staatswillens anderen Organen überlassen ist, als den den Willen erzeugenden, da innerhalb der einheitlichen Staatsgewalt die verschiedenen Organe derselben eine gewisse Selbständigkeit gegen einander haben, in welcher zumeist die Garantien des öffentlichen Rechts zu suchen sind, so kann man, wenn man dieses Moment der Selbständigkeit einseitig in's Auge fasst und zugleich auf das Subjectionsverhältniss hinweist, in welchem die anderen Thätigkeiten der Staatsgewalt zu der Gesetzgebung stehen, die Behauptung aufstellen, dass auch die Verpflichtung der Verwaltung durch die legislative Gewalt unter jenen Begriff des Rechts

---

[43]) Die Normen und ihre Uebertretung. 1. Bd., S. 13. Auch wenn man annimmt, dass die Strafgesetze Verpflichtungen des Richters sind, sie bei seinen Urtheilen zu Grunde zu legen, muss man doch zugeben, dass sie, wie Binding treffend ausführt, eine Fixirung des Staatswillens gegenüber dem Verbrecher enthalten, eine Fixirung, welche nicht nur, wie Thon meint, ein Entschluss, sondern eine wahre Norm ist, eine Norm, durch welche der künftige Staatswille bis zur Aenderung des Strafgesetzes gebunden ist. Vgl. die folgenden Ausführungen im Texte.

[44]) Vgl. Ulbrich, Oeffentliche Rechte und Verwaltungs-Gerichtsbarkeit. **Prag 1875.** S. 53.

falle, wonach dieses nur in der von der Staatsgewalt an die ihr Unterworfenen erlassenen Normen besteht. Gegenüber der Verpflichtung der Gesetzgebung durch diese selbst ist jedoch ein solcher Einwand unmöglich. Während man sich dort darauf berufen kann, dass gewissermassen der Staatswille sich spalte und sich innerhalb seiner selbst ein von ihm verschiedenes Object schaffe, ergreift sich hier der Wille selber. Man muss entweder alle die Sätze, welche den Willen des Gesetzgebers binden, aus dem Rechte wegescamotiren oder zugeben, dass jener enge Rechtsbegriff nicht im Stande sei, alle Erscheinungen des Rechts zu erklären. Und jenes Hinauswerfen der den Willen des Gesetzgebers bindenden Bestimmungen aus dem Rechte ist, wie schon erwähnt, eine Negirung des ganzen Verfassungsrechtes, welches nach der präcisen Definition L. v. Stein's als die gesetzlich bestimmte Ordnung für die Bildung des Staatswillens aufgefasst werden muss [45]) und damit eine Negirung der Möglichkeit des Rechtsstaates, welcher ja auf der gesetzlichen Fixirung der Competenz der Staatsgewalt in allen ihren Functionen, also auch der gesetzgeberischen, besteht.

In der Selbstverpflichtung des Souverains und der legislativen Gewalt tritt aber der Charakter des autonomen Bindens des Staatswillens nur am reinsten und deutlichsten hervor. Factisch enthalten ist sie aber, wie wir schon angedeutet haben, in jedem Satze des öffentlichen Rechtes, ja in jedem Rechtssatze überhaupt. Zu den grössten Verdiensten der deutschen Staatswissenschaft gehört es, den einheitlichen Charakter der Staatsgewalt dargethan, den Nachweis geführt zu haben, dass dasjenige, was man Staatsgewalten nannte, in deren absoluten Trennung man das Heil des Volkes erblickte, nur verschiedene Functionen einer und derselben Staatsgewalt sind. Bei aller Abgrenzung der Gebiete der einzelnen Staatsfunctionen gegen einander darf doch der Gedanke, dass ein mechanisches Zerreissen der Staatsgewalt in mehrere Theile zugleich ein Zerreissen der Staatseinheit bedeutet, nie ausser Augen gelassen werden. Wenn eine Scheidung der Staatsgewalt in mehrere selbständige Gewalten theoretisch schädlich ist, so

---

[45]) Die Verwaltungslehre, 1. Bd., Stuttgart 1865, S. 24.

ist sie überdies praktisch undurchführbar. Es dürften nur
wenige staatliche Organe zu finden sein, deren Functionen
ganz und ausschliesslich einer der Gewalten angehörten.[46]) Wenn
man daher auf die innere organische Einheit der Staatsfähigkeiten achtet, so wird man jeden Entschluss des Staates,
durch welchen er irgend eine seiner Thätigkeiten in irgend
einer Richtung bindet, als Selbstverpflichtung auffassen müssen.
Und da jedes Gesetz durch irgend eine Function der Staatsgewalt verwirklicht werden muss, da es das Wesen des Gesetzes ist, dass es nicht blos ein Wünschen des Gesetzgebers
bedeutet, sondern ein Wollen, das in That umgesetzt werden
soll, so lässt sich nicht nur, wie Gerber meint, ein grosser
Theil der Staatsgesetze, welches auch immer im Uebrigen
ihr Gegenstand sein möge, von dem Gesichtspunkte aus be-
trachten, dass darin zugleich das Mass und die Einwirkung
der Staatsgewalt rechtlich festgestellt wird [47]), sondern in
jedem Gesetze ohne Ausnahme, ja in jedem Satze des positiven Rechts, welcher Quelle er auch entstammen möge, da
er direct oder indirect Inhalt des Staatswillens ist, muss eine
solche rechtliche Fixirung der Ausübung der Staatsgewalt
erblickt werden. Wenn ein Gesetz erlassen wird, welches
sich auf Privatverhältnisse bezieht, so liegt die Beschränkung
der Staatsgewalt darin, dass die unter das betreffende Gesetz
zu subsummirenden Erscheinungen des Rechtslebens nur nach
diesem Gesetze und sonst nach keinem andern zu beurtheilen

---

[46]) Ueber die Unrichtigkeit des noch heute populären Irrthums, dass die
englische Verfassung auf dem Principe der Gewaltentheilung basirt sei, s.
Bagehot, Englische Verfassungszustände. Deutsch, mit einem Vorwort von
v. Holtzendorff versehen, Berlin 1868. Auch die continentalen legislativen Körperschaften üben Acte der Administration aus. Hierher gehören die
Wahl der Functionäre, die Aufrechthaltung der Disciplin u. s. w. Selbst die
Einsetzung von richterlichen Organen kann in die Competenz der Legislative
gehören, wie z. B. in Oesterreich die Wahl der Mitglieder des über Minister-
anklagen entscheidenden Staatsgerichtshofes durch den Reichsrath.

[47]) Grundzüge. S. 31. Vgl. Laband, a. a. O. II. Bd, S. 205: „Die
Gesetze, von denen hier die Rede ist (die Verwaltungsgesetze) haben es
sämmtlich zu thun mit einer Abgrenzung der Staatsgewalt. Sie geben
die Rechtsvorschriften über die Einwirkungen, welche der Staat auf Personen
und Vermögen seiner Unterthanen vornehmen darf. — — Der Gesammtinhalt
aller dieser Gesetze definirt den rechtlichen Inhalt der Staatsgewalt."

sind. Das Wesen des Gesetzes, des objectiven Rechts überhaupt, besteht eben darin, dass es für die Beurtheilung der ihm unterworfenen Erscheinungen die Willkür ausschliesst, dass es den Willen des Staates mit einem bestimmten Inhalt erfüllt, der keinen ihm widersprechenden neben sich duldet. Gesetz und Selbstbeschränkung des Staatswillens sind correlate Begriffe. Auch beim Individuum schliesst ein bestimmter Willensinhalt für die Dauer des Wollens jeden anderen aus. Selbst der eifrigste Indeterminist muss zugeben, dass man in einem und demselben Momente nicht etwas zugleich mit seinem Gegentheile wollen kann.

In jedem concreten Wollen liegt daher eine Beschränkung des Willens als der Fähigkeit des Wollens. Und diese Beschränkung ist eine selbstgewollte, weil sie nothwendigerweise mit dem Willensinhalt selbst gesetzt ist. Daher ist jeder Act staatlichen Wollens eine Beschränkung des Staatswillens und zwar, da diese Beschränkung dem Staate nicht von Aussen her aufgedrungen ist, sondern aus der inneren Natur seines Willens hervorgeht, eine Selbstbeschränkung. Und die Selbstbeschränkung des Staates ist keine vorübergehende. Der natürliche Wille des Individuums ist als solcher durch die Vollendung eines Willensactes formell nicht weiter gebunden, es sei denn, dass ein höherer Wille ihm ein Gebundensein an die entschwundene Willensaction gebietet oder die Fortdauer des einmal geäusserten Willens voraussetzt [48]), oder dass der Individualwille selbst sich durch das einmal Gewollte aus ethischen Gründen für verpflichtet hält. Anders der Staatswille. Beim Staatswillen dauert das Wollen des einmal für den Willen als Inhalt Gesetzten so lange fort, bis ein zweiter Willensact erfolgt, durch welchen der Fortdauer des früheren Willensactes ein Ende gemacht wird. Der Staat hört nicht auf, das zu wollen, was er einmal als Inhalt seines Willens gesetzt hat [49]), bis ein entgegengesetzter Willensact den ersten aufhebt. Der Staatswille, wenigstens der des Rechtsstaates,

---

[48]) Wie z. B. beim Besitzwillen, der nach der Bestimmung der Rechtsordnung nicht durch das blosse Nichtwollen, sondern erst durch ein *in contrarium agere* erlischt.

[49]) Es sei denn, dass er sich selbst eine bestimmte Frist gesetzt hat.

ist daher viel constanter und verlässlicher als der Wille des Individuums und auf dieser Constanz des staatlichen Wollens, auf der Fortdauer des Gebundenseins des Staatswillens an seinen Inhalt, beruht im Grunde die ganze Rechtsordnung, beruht das Gefühl der Sicherheit, welches die unerlässliche Vorbedingung des Schaffens und Arbeitens der Unterthanen ist. Wenn man nicht darauf bauen könnte, dass der Staat in seinen Gesetzen und den von ihm anerkannten Rechtssätzen eine Schranke seines Willens anerkennt und respectirt, dann wäre das Leben im Staate das unerträglichste, und solche staatliche Zustände waren es, welche die Vorläufer der Revolution dazu angetrieben haben, die Zeit der Staatslosigkeit als die idealste Periode der Menschheit zu preisen.

Dieses Moment der Selbstunterwerfung des Staates unter den eigenen Willen, welches in jedem Rechtssatze liegt, ist nun von Niemandem schärfer hervorgehoben worden als von Ihering.[50]) Er unterscheidet in der Entwicklung des Rechts als Befehl, als Norm, drei Stufen. Die erste Stufe ist die des Individualgebotes, welches nur durch das unmittelbare Bedürfniss des einzelnen Falles auftaucht, um sofort zu verschwinden, nachdem der Fall, für welchen es bestimmt war, erledigt ist. Die zweite Stufe ist die einseitig verbindende Norm, die abstracte, für eine Reihe von Fällen aufgestellte Regel, welche die Unterthanen der Staatsgewalt verpflichtet, ohne dass ihr Urheber durch sie gebunden ist. Die dritte **Stufe der Norm ist die, in welcher** sie zugleich die Staatsgewalt, welche sie erlassen hat, selbst bindet. Erst dadurch wird der Rechtszustand erreicht und der Zufall in der Anwendung der Normen verbannt. „Recht in diesem vollen Sinne des Wortes ist also die zweiseitig verbindende Kraft des Gesetzes, die eigene Unterordnung der Staatsgewalt unter die von ihr selbst erlassenen Gesetze."[51]) Die Verbindlichkeit der Rechtsnormen für sich selber erkennt die Staatsgewalt dadurch an, dass sie sich des Rechtsprechens begibt und es dem Richter überweist. „Einsetzung des Richteramts ist principielle Selbstbeschränkung der Staatsgewalt in

---

[50]) a. a. O. S. 321—426.
[51]) a. a. O. S. 344.

Bezug auf den dem Richter zur Verwirklichung überwiesenen Theil des Rechts, Ermächtigung des Richters, nach eigener Ueberzeugung, unabhängig von ihr das Recht zu finden, und Zusicherung der bindenden Kraft des von ihm gefällten Spruchs."[52]) Die Einsetzung des Richters und die ihm gewährte Unabhängigkeit ist also die Garantie für die Verwirklichung des Rechts nach der Seite der Verpflichtung der Staatsgewalt hin und sie ist zugleich das unterscheidende Merkmal des Rechts gegenüber der Verwaltungsthätigkeit des Staates.

Ich will hier absehen von der schroffen Scheidung, die Ihering zwischen Justiz und Verwaltung macht, der schon die blosse Existenz eines Verwaltungsrechts, die Thatsache, dass die Verwaltung selbst zur Bildung von Rechtssätzen führt[53]) und andererseits die Qualität der Rechtspflege als eines Zweiges der Verwaltung widerstreitet. So richtig und scharf aber Ihering das Moment der Selbstverpflichtung in den Normen des Rechtsstaates erfasst hat, so erheben sich doch gegen seine Ausführungen gewichtige Bedenken. Vor allem übersieht er die Existenz einseitig verbindender Normen, welche ihre verbindende Kraft nur der Staatsgewalt gegenüber äussern, oder vielmehr, er muss nach seiner Behauptung, dass die Gesetzgebung sich nicht unter ein von ihr erlassenes Gesetz stellen kann, die Existenz verfassungsrechtlicher Normen negiren und zieht damit der Construction des Rechtsstaats den Boden unter den Füssen weg. Und doch ist seine ganze Construction zweiseitig verbindender Normen nur auf Grund der Anerkennung einer ausschliesslich die Staatsgewalt verbindenden Norm möglich, nämlich jener Norm, durch welche die Staatsgewalt die „principielle Selbstbeschränkung" vornimmt. Der Act, mittelst welches die Staatsgewalt die Grenzen absteckt, innerhalb welcher sie dem Richter die Selbständigkeit gewährt, muss doch von Ihering als Rechtsnorm aufgefasst

---

[52]) a. a. O. S. 382.
[53]) Vgl. die Einwände Thon's, Zeitschrift f. d. Pr.- u. öffentl. Recht. S. 256 ff. S. ferner Laband, Staatsrecht. II. Bd., §. 67: „Die Verwaltungsthätigkeit des Staates ist zugleich Handhabung und Erzeugung des öffentlichen Rechts und es findet eine fortwährende Wechselwirkung zwischen Verwaltung und Rechtsbildung statt."

werden, sonst könnte er eine Missachtung der richterlichen Selbständigkeit von Seite des Staates nicht einen durch nichts zu beschönigenden Rechtsbruch nennen.[54]) Mindestens die Organisirung der Gerichte und die Feststellung ihrer Competenzen müssen von diesem Standpunkte aus als Rechtssätze aufgefasst werden, die sich nur an die Staatsgewalt wenden, einseitig verbindende Normen, die Niemanden binden, als ihren Urheber. Und zwar müssen diese Normen auch als Verpflichtungen der Gesetzgebung angesehen werden. Oder meint Ihering, dass die Legislative durch den Grundsatz der Unabhängigkeit der Richter nicht verpflichtet ist? Darf sie Gesetze erlassen, welche diesen Grundsatz aufheben? Begeht sie, indem sie diesem Satze, der nach Ihering zu den unerlässlichen Bedingungen des Rechtsstaates gehört, derogirt, nicht ebenso einen Rechtsbruch, wie die Staatsgewalt, die den Richterspruch missachtet? Eine widerspruchslose Durchführung der Ihering'schen Gedanken ist nur möglich, wenn man einseitig verbindende, nur an die Staatsgewalt sich wendende Normen anerkennt, welche auch den rechtschaffenden Factor im Staatsleben, die Legislative, zu fesseln im Stande ist. Wenn auch die Normen, durch deren Erlassung die Legislative eine ihr selbst auferlegte Verpflichtung übertritt, formelles Recht bilden, so liegt das Unrecht, welches die Gesetzgebung begeht, in der Aufstellung neuen Rechts, wo das alte hätte weiter gelten sollen. Durch den Act der Rechtsschöpfung begeht die Staatsgewalt hier einen Rechtsbruch, den Fall ausgenommen, dass die Neubildung des Rechts eine nothwendige, durch die Staatszwecke gebotene war, von dem wir bald zu reden haben werden. Es ist formell möglich, dass die Gesetzgebung auf verfassungsmässigem Wege durch ein Specialgesetz die Confiscation des Vermögens eines Unschuldigen anbefiehlt; sie würde aber in diesem Falle die Norm, welche die Unverletzlichkeit des Eigenthums anbefiehlt und die sie für sich als verbindlich anerkannt hat, ebenso übertreten, wie der Dieb.[54b])

Aus der Existenz einseitig verbindender Normen, welche nur an die Staatsgewalt gerichtet sind, ergibt sich, dass die

---
[54]) a. a. O. S. 382.
[54b]) Vgl. Gerber, **Grundzüge** S. 29.

Verpflichtung der Staatsgewalt der einzige Punkt ist, welcher
allen vom Staate anerkannten Rechtssätzen, also allen Sätzen
des positiven Rechts gemeinsam ist. Es gibt, wie aus unserer
Darstellung hervorgeht, Rechtssätze, welche sich nicht an die
Gesetzesunterthanen richten, aber eine Norm, welche nicht
den Staat verpflichtete, ist gar nicht denkbar, es müsste sonst
etwas zugleich Inhalt des Staatswillens und nicht in demselben enthalten sein können. Die weiteste Definition vom
Rechte wäre demnach die Bezeichnung des Rechts als der
**Inbegriff der vom Staate als für ihn verbindlich
angesehenen Normen.** So zeigt sich uns die Selbstverpflichtung der Staatsgewalt, deren logische Möglichkeit wir anfangs
zweifelnd prüften, als die Essenz der ganzen Rechtsordnung.

Der zweite Punkt in den Ausführungen Ihering's,
gegen den wir uns erklären müssen, ist die Stellung, die er
dem Richter einräumt. Der Richter erscheint bei ihm ganz
unabhängig von der Staatsgewalt, er steht ihr selbständig
gegenüber und sie beugt sich vor seinem Spruche. Hier haben
wir jenes Auseinanderreissen der Staatsgewalt, welches nothwendig zu einer Vernichtung der Staatsidee führt, „die theoretische Construction der Grundlage eines permanenten Staatsconflicts". [55]) Der Richter steht nicht dem Staate als ein
Fremder gegenüber, er steht nicht über dem Staate als ein
Höherer. Er selbst bezeichnet nur eine bestimmte Richtung
der Staatsgewalt, ist innerhalb der Staatsgewalt nur ein
Moment, welches in seinen ihm eigenthümlichen Functionen
gegen die anderen scharf abgegrenzt ist. Aber es ist der Staat
selbst, der aus dem Munde des Richters spricht, in ihm personificirt sich der Staat, wenn er das Recht spricht und im
Namen des Staates oder seines souveränen Repräsentanten
fällt er seine Urtheile. Insoweit ferner der Richterspruch nicht
nur ein Urtheilen, eine Declaration des auf den concreten Fall
anzuwendenden Rechts, sondern auch einen Befehl enthält, sei
es an Parteien, sei es an die Staatsgewalt, insofern also ein
Auferlegen oder ein Anordnen im Richtersspruche enthalten

---

[55]) F. v. Holtzendorff, Die Principien der Politik. 2. Aufl. Berlin
1879. S. 125.

ist, ist es die **Staatsgewalt selbst**, von welcher die Anordnung ausgeht.[56]) Richterwille ist Staatswille. Wäre dies nicht der Fall, so könnte der Staat sich nie einem Richterspruche unterordnen. Denn wie immer man die Souveränetät auffassen mag, das eine steht fest, dass zu ihren nothwendigen Merkmalen die Unabhängigkeit des Staates zählt. Der Staat darf keinen höheren Willen über sich anerkennen, er darf sich keinem Willen beugen, als seinem eigenen. Stünde der Richter als ein Höherer über dem Staate, dann müsste der Staat von ihm Befehle empfangen können, dann wäre der Richter Souverän und nicht er. Indem die Staatsgewalt dem Richter das Rechtsprechen überweist, legt sie nicht „vor allem Volke die Erklärung ab, dass sie sich selber dessen begeben wolle"[57]), sondern sie stellt ihren eigenen Willen und die Ausführung desselben vor der Willkür ihrer Organe sicher.

Und nun wird es klar, warum der Nachweis, dass staatliche Selbstverpflichtung Recht schafft, von principieller Bedeutung für den Rechtsbegriff überhaupt ist. Nach der unter dem weitaus grössten Theile der Juristen herrschenden Anschauung, die erst neuerdings wieder durch Ihering Unterstützung erhalten hat[58]), ist Recht nur möglich unter der Voraussetzung, dass eine richtende und zwingende Autorität vorhanden ist. Rechtsnormen in dieser Auffassung sind Zwangs-

---

[56]) Vgl. Degenkolb, Einlassungszwang und Urtheilsnorm. Leipzig 1877. S. 82: „Im Gericht als Ganzen treffen Urtheilen und Anordnen nothwendig zusammen." Dieses richterliche Anordnen kann nie als losgelöst von der Staatsgewalt gedacht werden, wie das Urtheilen, welches kein Wollen und Handeln, sondern ein rein logischer Process ist: „Das Wesen der richterlichen Gewalt liegt nicht im Urtheilen, sondern im Richten. — Das Urtheilen in dem Sinne, das Recht im einzelnen Falle zu erkennen und auszusprechen, ist gar nicht nothwendig eine obrigkeitliche Function, noch die Ausübung einer staatlichen Gewalt oder Macht — — das Richten dagegen, d. h. die Gewährung des Rechtsschutzes und die Handhabung des Rechts — — ist von jeher als eine obrigkeitliche Thätigkeit angesehen, und daher überall richterlichen Magistraten und Beamten als eine staatliche Gewalt zugetheilt werden." Bluntschli, Allgemeine Staatslehre. 5. Aufl., S. 595.

[57]) a. a. O. S. 382.

[58]) a. a. O. S. 434. Recht = Sicherung der Lebensbedingungen der Gesellschaft in Form des Zwanges.

normen, deren Anwendung durch richterlichen Spruch gesichert ist. Eine Autorität, die über den Parteien erhaben ist, eine Gewalt, die mächtiger ist als die Unterthanen der Norm, muss die Garantie für die Erfüllung derselben geben. Wenn es nun Normen gibt, welche sich an die Staatsgewalt selbst wenden, welche Rolle kann ihnen gegenüber der Zwang spielen? Ist ein Zwang, den die Staatsgewalt gegen sich selbst ausübt auch nur denkbar? Ein sich selbst Verpflichten ist möglich, niemals aber ein sich selbst Zwingen! Wenn die Staatsgewalt irgend einer der sich selbst auferlegten Verpflichtungen nicht nachkommt, so ist keine rechtliche Macht vorhanden, welche im Stande wäre sie zur Erfüllung ihrer Verbindlichkeiten anzuhalten. Die Garantien dafür, dass der Staat eine in der Verfassung enthaltene Bestimmung zur Ausführung bringen, dass ein gerichtliches Urtheil vollzogen, dass die Verwaltung innerhalb der rechtlichen Schranken ausgeübt werde, sind und bleiben rein moralischer Natur, dem Rechte steht in diesen Fällen kein Zwangsmittel zu Gebote.[59]) Man wende uns nicht ein, dass Garantien für die Ausführung der verfassungsmässigen Bestimmungen, für die Ausübung der Verwaltung innerhalb der Rechtsschranken u. s. w. in der Verantwortlichkeit der Minister, in den Sprüchen der Verwaltungsgerichte existiren. Denn der Staat selbst ist es ja, der die Minister zur Verantwortung zieht, der die unrechtmässigen Verfügungen der Verwaltungsbehörden cassirt. In allen diesen Fällen will der Staat noch immer die Verwirklichung des Rechts; nicht gegen ihn selbst ist hier der Zwang gerichtet, sondern gegen einzelne Organe, die zu ihm im Subjectionsverhältnisse stehen. Wenn aber alle Elemente der Staatsgewalt sich vereinigen, um an Stelle des Rechts die Willkür zu setzen, um Verpflichtungen zu brechen, die sie als solche anerkennen müssen, dann handelt der Staat unrecht, ohne dass ein Richter vorhanden wäre, der ihm befehlen könnte und ein Executor, der den Spruch vollziehen dürfte. Wenn dann die elementaren Kräfte des Volkes sich

---

[59]) Bergbohm, a. a. O. S. 25. Ferner hebt Bergbohm ganz richtig hervor, dass es Rechtsbestimmungen gibt, welche den Richter überhaupt ausschliessen. S. 26, Nr. 1.

regen und der Staatsgewalt die Volksgewalt kämpfend und siegend entgegentritt, so ist das ein Process, der einer juristischen Qualification gänzlich entbehrt, oder vielmehr es stehen sich hier juristisch Unrecht und Unrecht gegenüber. Eine Rechtfertigung der Revolution ist vom ethischen und geschichtsphilosophischen Standpunkte und von einer das substantielle Moment des Rechts beachtenden Anschauung aus möglich, aber eine **juristische** Rechtfertigung derselben, eine Auffassung derselben als Rechtszwang gegen staatliches Unrecht ist undenkbar.

Ist nun einerseits der Rechtszwang gegen den Staat unmöglich, so ist andererseits die Stellung des Richters ihm gegenüber ganz anderer Natur als gegenüber dem Unterthan. Nicht als eine Autorität kann der Richter ihm gegenübertreten. Sofern die richterliche Function nicht in dem rein logischen Process des Findens des Rechts besteht, ist, wie erwähnt, der Richter identisch mit der Staatsgewalt. Der Staat, indem er richterliches Urtheil ausführt, führt sein eigenes Urtheil aus. Auch insofern der richterliche Befehl an ihn selbst gerichtet ist, vollführt der Staat in dessen Execution nur seine eigenen Beschlüsse. Der Staat ist daher immer Richter in eigener Sache. Er ordnet sich nie dem Richterspruche eines als höher Anerkannten unter, sondern er erkennt den Richterwillen als seinen eigenen an. Es geht hierbei im Organismus der Staatsgewalt derselbe Process vor, wie im Individuum, das eine vernünftige Vorstellung zum Motiv für seinen Willen erhebt. Hier wie dort ordnet sich der Wille dem als vernünftig Erkannten freiwillig unter.

Die staatliche Selbstverpflichtung kennt also keinen Zwang und auch keinen Richter in dem gewöhnlichen Sinne. Und da in jedem Gesetze das Moment der staatlichen Selbstverpflichtung enthalten ist, da es Rechtssätze gibt, deren Natur ausschliesslich in dem autonomen Binden des Staatswillens besteht, so ergibt sich ohne eindringende dialektische und speculative Untersuchung der Frage, inwieweit die Existenz des Rechts durch die Existenz seiner Garantien bedingt ist, aus der vorurtheilslosen Betrachtung der unzweifelhaft Rechtskraft besitzenden Normen, dass es Recht gibt, welches keine andere **Garantien** in sich trägt, als den Willen desjenigen, an den sie gerichtet sind — des Staates. Will man diesen *legibus imperfectis* den Rechtscharakter nehmen, weil sie *imperfectae* sind, so muss man nach unseren Ausführungen die Existenz einer Rechtsordnung für den Staat, also das öffentliche Recht überhaupt negiren, weil jeder Rechtssatz in seiner Richtung auf die Staatsgewalt nothwendig imperfect ist und imperfect bleiben muss.

Die doppelte Richtung, in welcher sich der Staatswille äussert, findet übrigens in den verschiedenen Stadien des verfassungsmässigen Zustandekommens der Gesetze ihren Ausdruck. Ein Gesetzentwurf wird zum Bestandtheil der Rechtsordnung erhoben erstens durch die Sanction, welche dem Gesetzesinhalt Rechtskraft verleiht und zweitens durch die Ausfertigung und Publication, durch welche das Gesetz als verfassungsmässig zu Stande gekommen erklärt und seine Befolgung den Unterthanen vorgeschrieben wird. Durch die Sanction verpflichtet sich nun zuvörderst der Gesetzgeber selbst. Durch diesen Act erklärt er, dass ein bestimmter Rechtsgedanke Inhalt seines Willens sein soll[60], es ist wesentlich die Selbstbestimmung des gesetzgeberischen Willens, welche die Sanction zum Ausdruck bringt. Es gibt in dem Leben des Gesetzes einen Zeitraum, wo es noch nicht die Unterthanen verpflichtet, trotzdem es schon den Willen des Gesetzgebers gebunden hat, und zwar ist dies der Zeitraum zwischen der Sanction und Publication, oder noch genauer, dem Momente, von dem angefangen die Unterthanen, an welche sich das Gesetz wendet, an dasselbe gebunden sind. So beginnt bekanntlich in Oesterreich nach dem Gesetze vom 10. Juli 1869 die verbindende Kraft der im Reichsgesetzblatte enthaltenen Kundmachungen, wenn in denselben nicht ausdrücklich eine andere Bestimmung getroffen wird, mit dem Anfange des fünfundvierzigsten Tages nach Ablauf des Tages, an welchem die deutsche Ausgabe jenes Stückes des Reichsgesetzblattes, in welchem die Kundmachung enthalten ist, herausgegeben und versendet wurde; im deutschen Reiche nach Artikel 2 der Reichsverfassung am vierzehnten Tage nach Ablauf des Tages,

---

[60] Vgl. **Laband** a. a. O. 2. Bd. §§. 56, 57. Gegen Laband's Behauptung, dass durch die Sanction ein Rechtssatz zum Gesetz erhoben wird, **Binding**, Krit. Vierteljahrschrift, 21. Bd. S. 549.

an welchem das betreffende Stück des Reichsgesetzblattes in Berlin ausgegeben worden ist. [61]) In der Zeit, welche von der Sanction des Gesetzes bis zur Publication, von der Publication, die *vacatio legis* hindurch, bis zum Beginne seiner verpflichtenden Kraft verfliesst, ist das Gesetz bereits Bestandtheil der Rechtsordnung, aber nur, insofern als es einseitig verpflichtende Norm ist, die ausschliesslich den Gesetzgeber bindet. Der Gesetzgeber kann vom Momente der Sanction bis zu dem des Inkrafttretens des Gesetzes, trotzdem noch keiner der Unterthanen daran gebunden ist, das Gesetz nicht anders aufheben, als auf verfassungsmässigem Wege, er ist also unzweifelhaft durch dasselbe bereits ebenso verbunden, als ob es schon für die Unterthanen in Kraft getreten wäre. Ein jedes Gesetz durchläuft in seinem Entwicklungsprocess daher ein Stadium, in welchem es das ausschliessliche Charakteristikon aller Normen des positiven Rechts, die Selbstverpflichtung der Staatsgewalt ganz rein und ohne jede Beimischung zeigt. Schon diese Thatsache allein würde einen hinreichenden Beweis dafür gewähren, dass es Recht gibt, durch welches nur der Staat, nicht aber die Unterthanen verpflichtet sind. Aus ihr folgt auch, dass ein Act des Staatswillens, der nie publicirt wird, dennoch für die Staatsgewalt bindende Kraft haben kann, trotzdem die Unterthanen von dem Entschlusse der Staatsgewalt vielleicht nie authentische Kunde erhalten, ein Umstand, der für die Erfassung der rechtlichen Natur der Staatenverträge von der grössten Bedeutung ist.

Mit der Erkenntniss nun, dass es Recht gibt, welches ausschliesslich in dem Binden des Staatswillens besteht, dass jedem Rechtssatze ein solches Moment, von dem seine ganze

---

[61]) Vgl. Code Napoléon, Art. 1. Einer genauen Untersuchung ist die *vacatio legis* meines Wissens nur von Binding, Krit. Vierteljahrschr. S. 580 ff. unterzogen worden. Ganz richtig wird von Binding zwischen der feierlichen Erklärung des Gesetzgebers, dass etwas, was Recht bis dahin nicht war, die Qualität des Rechtssatzes fürderhin tragen soll und der Erklärung des Gesetzgebers, dass der Rechtssatz von einem bestimmten Tage an gelten soll, unterschieden. Nur glaube ich, trotz Binding's Widerspruch, dass auch in der ersten Erklärung eine Norm enthalten ist, nämlich die Verpflichtung des Gesetzgebers, die „ideale Ordnung" zur realen zu erheben.

Existenz abhängt, innewohnt und das weder durch Zwang, noch auch durch einen Richter, als höhere Autorität, seiner Verwirklichung entgegengeführt wird, sondern nur in dem sittlichen Willen des Staates seine Garantien findet, mit dieser Erkenntniss sind zwei der Haupteinwände gefallen, welche mit ermüdender Eintönigkeit gegen die juristische Existenz des Völkerrechts erhoben werden. Es ist damit bewiesen, dass das innerstaatliche Recht einer seiner wichtigsten Beziehungen nach an denselben angeblichen Mängeln leidet, wie das Völkerrecht und seiner Natur nach ewig leiden muss. Der grosse Unterschied zwischen Staats- und Völkerrecht, der in jenen auf den ersten Blick ein fester gefügtes, auf soliderer Basis gegründetes Recht zu sehen verleitet, besteht darin, dass die moralischen Garantien des Staatsrechts stärkere sind, als die des Völkerrechts, dass das Bewusstsein der Staatsgewalt, dem selbstgesetzten Rechte verpflichtet zu sein, in Beziehungen auf die Aufgaben des Staates gegenüber dem Volke ein mächtigeres ist, als fremden Staaten gegenüber. Wenn das sittliche Bewusstsein der Völker die Höhe erklommen haben wird, welche zur unbedingten Achtung internationaler Verpflichtungen nöthig ist, dann werden dem Völkerrechte dieselben Garantien zu Gebote stehen, die heute das Staatsrecht der civilisirten Völker schützen. Mit dem positiven Charakter des Völkerrechts steht es daher in diesen Punkten ebenso, wie mit irgend einem Bestandtheile des innerhalb des Staates geltenden Rechtes, dessen Verwirklichung in letzter Instanz immer von Momenten abhängt, welche ausserhalb des Rechtes liegen.[62]) Losgelöst von der ethischen Basis, auf der es ruht, gleicht das Recht einem Kartenhaus, das der leiseste Windzug vernichtet.

Jetzt gilt es den gewichtigsten Einwand zu prüfen, der gegen die von uns verfochtene Theorie der staatlichen Verpflichtung erhoben werden kann, auf den wir bereits zu Anfang unserer Untersuchung hingewiesen haben. Ist nicht

---

[62]) Damit soll nicht die Möglichkeit eines Schutzes durch Zwang für einzelne Bestimmungen des Völkerrechts geläugnet werden. Vgl. v Kaltenborn, Kritik, S. 310. Bergbohm, a. a. O. S. 23.

die Behauptung einer Selbstverpflichtung durch den einfachen Umstand hinfällig, dass der Staat seinen Willen stets ändern kann? Liegt nicht in der Möglichkeit, dass der Staat in den verfassungsmässigen Formen Alles wollen kann, auch die Möglichkeit eingeschlossen, dass sich der Staat von jedem möglichen Willensinhalt wieder befreit? Ist es nicht die Selbstbefreiung des Staates, welche die Selbstverpflichtung zur Unmöglichkeit macht und hat die Lehre der Staatsabsolutisten nicht demnach Recht, dass eine Verpflichtung der Staatsgewalt als Subject undenkbar ist?

Um diese Frage zu beantworten, müssen wir vor der Hand den formell juristischen Standpunkt verlassen, um zu untersuchen, welche Momente es sind, die den Willen des Staates beim Schöpfen des Rechtes leiten. Denn die Bestimmung dessen, was Recht werden **soll**, ist nothwendigerweise abhängig vom substantiellen Momente des Rechts und des Staates. Hier sind wir daher genöthigt, uns an die Natur des Staates zu wenden, um Aufschluss über den Process zu gewinnen, welcher den Staat bestimmt, seinem Willen einen concreten Inhalt zu setzen.

Wie immer man über das Wesen des Staates denken **möge**, das Eine ist wohl heute über jeden Zweifel erhaben, dass es nicht als Willkür gefasst werden kann, dass nicht launische Einfälle, sondern **vernünftige** Motive es sind, welche den Staatswillen bestimmen. Es ist materiell nicht in das Belieben des Staates gestellt, ob er überhaupt eine Rechtsordnung schaffen will und welchen Inhalt dieselbe zu besitzen hat. Vielmehr ist der Staat durch seine Zwecke, zu welchen auch der gehört, das rchtsetzende und rechtschirmende Organ **des Volkes zu sein**, gebunden. Kommt der Staat diesen Zwecken nicht nach, oder handelt er gar gegen dieselben, so macht er damit einen Angriff auf sich selbst, er sucht damit die Bedingungen seiner eigenen Existenz zu vernichten. Es ist allerdings möglich, dass ein Gesetz unvernünftig ist, die Gesetze sind häufig fehlerhaft und unvollkommen, aber es ist beinahe unmöglich, dass in einem civilisirten Lande ein Gesetz erlassen wird, welches nicht wenigstens nach der subjectiven Einsicht des Gesetzgebers den Staatszwecken genügt. So frivol dürfte im modernen Staate wohl selten ein Gesetzgeber sein, dass er einer nach seiner Erkenntniss den Staatszwecken zuwiderlaufenden Bestimmung den Rechtscharakter verleihen würde. Die Einsicht des Staates ist menschliche Einsicht, **und menschliche Einsicht kann irren. Das** hindert aber nicht, dass **die** Staaten den Satz anzuerkennen haben und auch thatsächlich anerkennen, dass sie durch ihre Natur zur Schaffung von Recht, welches den socialen Zwecken des Rechts genügt, verflichtet sind. Ist der Staat aber durch seine Zwecke zur Aufstellung und Aufrechterhaltung der Rechtsordnung **verpflichtet**, und hat das Recht, welches der Staat schafft und schützt, den socialen Zwecken des Rechtes, der Erhaltung der vom Willen abhängigen Existenzbedingungen der Volksgemeinschaft **zu** genügen [63]), so findet hieran jede Verpflichtung, die der Staat sich auferlegt hat, ihre Grenze. Vor der höchsten Verpflichtung des Staates, Recht zu schaffen, welches dem Staatszwecke genügt, treten alle anderen Verpflichtungen in den Hintergrund. Wenn ein bestimmter Rechtssatz dem Staatszwecke nicht mehr genügt, so erlischt für den Staatswillen die selbstgesetzte Verpflichtung ihn aufrecht zu erhalten, durch die höhere Verpflichtung, dem Staatszweck zu genügen. **Es** geht hier nur derselbe Process vor sich, der bei allen Pflichtencollisionen stattfindet, die niedere Pflicht erlischt durch die höhere. Daher kann auch nur die höchste Pflicht als eine absolute erscheinen, während alle anderen Pflichten ihr gegenüber **nur** relativ sind. Wäre das Volk und seine sociale Organisation zu allen Zeiten eine und dieselbe, so läge nie ein **Grund** zu einer Veränderung der Gesetze vor, ja, jeder Act der Gesetzgebung, **der die** bestehenden, dem Rechtszwecke genügenden Gesetze abändern wollte, wäre dann ein unrechtmässiger. Da aber die Gesellschaft, für welche die Gesetze berechnet sind, in steter Bewegung und Umänderung begriffen ist, so würde die Staatsgewalt das höchste materielle Unrecht begehen, wollte sie sich durch ihre Gesetze auf ewig für gebunden erachten; sie würde dadurch eben an ihrem eigenen

---

[63]) Vgl. **mein**: Die social-ethische Bedeutung von Recht, Unrecht und Strafe. Wien 1878. S. 42 ff.

Ruin arbeiten, wie sie es durch jedes Zuwiderhandeln gegen die Staatszwecke thut. [64])

Nicht einmal zur **unbedingten** Anerkennung eines Rechtssatzes kann sich der Staat verpflichten. Wo immer im concreten Falle die höchsten Zwecke des Staates in's Spiel kommen, gegen die Aufrechterhaltung einer abstracten Rechtsregel, muss die letztere ausser Kraft gesetzt werden. Es ist widersinnig, dem Staate zuzumuthen, dass er um einer übernommenen Verbindlichkeit zu genügen, sich selbst vernichten solle und wie dem Individuum muss auch dem Staate ein Nothrecht eingeräumt werden. [65]) Es ist ferner von Binding darauf hingewiesen worden, dass die Normen keine ausnahmslos geltenden Gebote, sondern Regeln mit Ausnahmen sind. [66]) Der Staat befiehlt: Du sollst nicht tödten; der Befehl jedoch, den er an den Scharfrichter ergehen lässt, den Verurtheilten hinzurichten, der Auftrag an seine Soldaten, gegen den Feind mit tödtlichen Waffen zu kämpfen u. s. w., setzt seine eigene Norm für bestimmte Fälle ausser Kraft. Der Staat erklärt das Eigenthum für unverletzlich; im Interesse der Gemeinschaft jedoch ist er gezwungen, durch die Expropriation die eigene Regel zu durchbrechen. Weder der Dauer noch dem Geltungsgebiete nach kann die staatliche Selbstverpflichtung eine absolute sein. Da jede staatliche Verpflichtung, ihrer substantiellen Seite nach, eine Erfüllung des Staatszwecks ist, so besteht sie nur so lange, als sie diesem Zwecke genügt. **Daher trägt jeder Act des Staatswillens die Clausel:** *Rebus sic stantibus* **in sich**. Nur für die Zeit, in welcher die objectiven Verhältnisse, zu deren Normirung das betreffende Gesetz bestimmt

---

[64]) Zachariae, Vierzig Bücher vom Staate, IV. Bd., S. 12.: „Es steht nicht in der Macht des Staatsherrschers, wer dieser auch sei, den Zustand der bürgerlichen Gesellschaft, auf welchen doch die Gesetze zu berechnen sind, unveränderlich zu erhalten. Kein Sterblicher kann sagen: Sonne stehe still! oder: Bis hieher und nicht weiter." Vgl. Ihering, a. a. O. S. 413 ff. v. Holtzendorff a. a. O. S. 136 ff.

[65]) Ihering a. a. O. S. 418. Bergbohm, a. a. O. S. 109.

[66]) Normen, I. Bd., §. 8. E. Vgl. Trendelenburg, Naturrecht auf dem Grande der Ethik. 2. Aufl. §. 47.

ist, unverändert dieselben geblieben sind, hat die Selbstverpflichtung des Staates absolut bindende Kraft für ihn.⁶⁷)

Mit der Einsicht, dass eine Verpflichtung des Staates nur so lange bestehen kann, als sie vernünftig, d. h. den Staatszwecken entsprechend, ist, schwindet wieder eines der beliebtesten Argumente gegen den Rechtscharakter des Völkerrechts. Es ist dann nicht mehr möglich, auf die grosse Kluft zwischen Staatenverträgen und Privatverträgen hinzuweisen, weil jene angeblich gehalten oder gebrochen werden, nicht nach Rücksicht des Rechts, sondern des Vortheils und der Macht⁶⁸), weil die Vergleichung eine ganz unzutreffende ist. Nicht mit den unter den staatlichen Normen stehenden Privatverträgen, sondern mit den Normen, die der Staat sich selbst schafft, müssen die Staatenverträge verglichen werden. Und da zeigt es sich, dass in Beziehung auf die Garantien und die Dauer der Verpflichtung der Staaten in ihren innern und äusseren Verhältnissen kein Unterschied besteht. Das Interesse der Staaten, so wird behauptet, bestimmt ausschliesslich ihr Verhältniss zu ihresgleichen. Aber das Interesse der Staaten, **welches identisch ist mit ihren vernünftigen Zwecken**, bestimmt auch ausschliesslich das Verhältniss der Staaten zu ihren Unterthanen. Wenn man in rein privatrechtlichen Anschauungen befangen ist, wenn man das Recht immer nur vom Standpunkte des Individuums aus betrachtet, dann erscheint die Rechtsordnung, welche innerhalb des Staates gilt, als unantastbar, als entrückt jedem Willen, der an ihr zu rütteln wagen könnte. Stellt man sich aber auf den Standpunkt des Staates, blickt man von der Höhe auf die Normen herab, anstatt zu ihnen emporzublicken, dann ist die Rechtsordnung, trotz ihres verbindlichen Charakters für den Staat, in einem steten Flusse begriffen. So wenig man aber aus der Veränderlichkeit der Gesetze einen Beweis führen kann gegen die Existenz einer den Staat selbst verpflichtenden Rechtsordnung, so wenig kann es als ein Einwand gegen

---

⁶⁷) Treffend bemerkt v. Holtzendorff a. a. O. S. 145: „dass jedes Gesetz seine zukünftige Verletzung sanctionirt, das seine historische Unveränderlichkeit selbst im Voraus verordnet."

⁶⁸) Lasson, a. a. O. S. 65.

das Völkerrecht gelten, wenn der Staat in ihm denselben Bedingungen unterworfen ist, wie in seinem eigenen Rechte. Indem man die Clausel: *Rebus sic stantibus* als nothwendige Voraussetzung eines jeden Staatenvertrages anerkennt, stellt man die Erfüllung der Verträge trotzdem nicht in die Willkür der Staaten.

Nur ein **vernünftiger Grund kann** den Staat von der Heiligkeit des Vertrages befreien, wie nur ein vernünftiger Grund ihn von der Heiligkeit seines Gesetzes dispensiren kann.[69]) Bricht der Staat ohne zwingenden Grund einen Vertrag, dann begeht er materielles und formelles Unrecht. Er begeht materielles Unrecht, weil er durch eine solche That seinen nothwendigen, ihm durch seine Natur gesetzten Zwecken ebenso widerstreitet, wie durch einen willkürlichen Bruch seines Gesetzes. Denn unter die Staatszwecke gehört auch, was nur zu oft ausser Acht gelassen wird, die Herstellung und Aufrechterhaltung des Verkehres mit andern Staaten. Nur eine die reale Welt total verkennende Stubenphilosophie könnte dem Staate, besonders dem modernen Staate, Autarkie zuschreiben in dem Sinne, dass es in seinem Belieben stehe, ob er mit anderen Staaten verkehren wollte oder nicht. Denn nicht erst durch die Thatsache der Staatengemeinschaft, **schon durch die der Ergänzung bedürftige Natur des Staates selbst**, ist die Forderung der rechtlichen Anerkennung fremder Staaten und des Verkehrs mit ihnen gegeben. Wenn man den Blick auf die substantielle Natur des Staates richtet, so verschwindet die Willkür, welche man allenfalls vom rein formalistischen Standpunkte aus noch behaupten könnte, gänzlich. Darin haben Diejenigen, welche dem materiellen Princip des Völkerrechts ihre Aufmerksamkeit gewidmet haben, gewiss Recht, dass es nicht vom Belieben der Staaten abhängt, ob

---

[69]) Die Gleichartigkeit der Staatenverträge und der Staatsrechtssätze in Beziehung auf ihre Dauer treffend hervorgehoben von **Bluntschli**, Modernes Völkerrecht. Art 454. Anm.. „Die **„Ewigkeit der Verträge"** ist so unsinnig, wie die **„Ewigkeit der Verfassungen"**. Sie sind beide unvereinbar mit der naturgemässen Entwicklung, d. h. Veränderung der Menschheit **und der Völker**, und deshalb im Widerspruch mit dem richtigen **Rechtsbegriff.**"

sie in Gemeinschaft mit Anderen leben wollen oder nicht. Es
hängt nicht von ihrem Belieben ab, weil es zu ihren Existenzbedingungen gehört, Mitglieder, Staatengesellschaft zu sein.

Wie verhält sich nun diese letzte Behauptung zu dem
an die Spitze unserer Untersuchung gestellten Satz, dass nur
in dem Willen der Staaten der juristische Grund des Völkerrechts gesucht werden könne? Hat sich uns nicht unbemerkt
eine andere Grundlage des Völkerrechts untergeschoben? Es
scheint doch ein offenbarer Widerspruch zu sein, das Recht
auf die Freiheit zu gründen und diese Freiheit auf eine Nothwendigkeit zu basiren. Hier ist eine neue Schwierigkeit vorhanden, die hinweggeräumt werden muss, ehe wir weiter
gehen können.

Wir haben bereits Anfangs erklärt, dass eine rein formale
Construction des Rechts eine Unmöglichkeit ist, **dass der
letzte Grund des Rechts nur in einem objectiven Principe gefunden werden könne**. Dieses Princip, welches wir nun
bezeichnen **müssen**, ist die Natur der Lebensverhältnisse,
welche der rechtlichen Normirung bedürfen. Diese Natur
steht dem Staatswillen ebenso unantastbar gegenüber, wie
die Natur dem Willen überhaupt. Wir haben ferner zu wieder-
holten Malen hervorgehoben, dass das Wesen des Willens
nicht als Willkür gefasst werden könne. Hier haben wir nun
eine objective Schranke des Willens, welche ausser allem
Zweifel steht. Wenn der Wille das Organ ist, durch welches
wir auf die Aussenwelt einwirken, durch welches wir in den
Dingen ausser uns Veränderungen hervorrufen können, so ist
er gebunden an die objective Natur desjenigen, auf das ge-
wirkt werden soll. Wir können einen gefassten Entschluss
durch den Willen nur dann zur That erheben, wenn wir die
von uns unabhängigen Umstände wollen, durch deren causale
Verkettung allein jene Veränderungen hervorgerufen werden
können, deren Abschluss der gewollte Zustand bildet. Wollen
kann man nur das Mögliche, das Unmögliche kann man
wünschen, aber dem **Willen ist es gänzlich** entrückt. Wenn
man also ernstlich will, d. h. wenn man Causalität erzeugen
will, so muss man die Bedingungen wollen, unter denen allein
der Wille sich realisiren kann. Es ist in des Menschen Macht

gegeben, ob er überhaupt anfangen will, zu wollen oder nicht. Will er aber einmal, so kann er nur unter der Voraussetzung sein Ziel erreichen, dass er den durch die Natur der Dinge vorgezeichneten Weg zur Erzielung des Resultates zum Inhalt seines Willens erhebt. Trotz dieses Gebundenseins des Willens an die objectiven Momente, durch welche er sein Ziel erreicht, wird doch Niemand zweifeln, dass alle Mittel, die der Wille gewählt hatte, frei gewollt waren. Wer z. B. ein Haus mittelst eines Schwefelfadens in Brand stecken will, kann dies nur dadurch vollbringen, dass er den Schwefelfaden anzündet. Ohne den Act des Anzündens ist jene Causalreihe nicht vorhanden, welche zum Brande des Hauses führt. Ein so objectiv nothwendiges Moment die Entzündung des Schwefelfadens in dem gesammten Complexe der Brandstiftung bildet, so ist dennoch der Act des Anzündens ein Act des freien Willens. Diese objective Nothwendigkeit hebt die subjective Freiheit nicht auf, das objectiv Nothwendige ist dennoch frei gewollt.

Was für den Willen des Individuums gilt, hat nicht minder seine Geltung für den Staatswillen. Auch der Staat kann nur wollen, indem er die Bedingungen der Realisirbarkeit seines Willens zum Inhalte desselben erhebt. Wenn der Staat existiren, wenn er die ihm durch seine Natur vorgezeichneten Zwecke erfüllen will, so muss er auch die Mittel wollen, durch welche dies allein möglich ist. Zu den Staatszwecken zählt die Aufstellung und Aufrechthaltung der Rechtsordnung. Trotzdem ihm sein Wesen das Schaffen und Verwirklichen des Rechts vorschreibt, ist die von ihm in Erfüllung seines Zweckes geschaffene Rechtsordnung doch sein eigenes Werk, sie ist Product seines Willens. Indem der Staat die Rechtsordnung schafft und erhält, erfüllt er also mit freiem Willen, was ihm durch seine nothwendigen Zwecke geboten ist. Die ganze Aufgabe des Staates concentrirt sich darin, das objective Nothwendige seiner Natur zum subjectiven Momente seines Willens zu machen. Das Nothwendige ist aber deshalb, wie erwähnt, doch frei gewollt; er hätte es auch unterlassen können, aber er hätte damit an seinem eigenen Grabe gegraben. Der Mensch muss essen und trinken, um zu existiren; deshalb sind Essen und Trinken nicht minder freie Handlungen, wie Jagen oder Tanzen.

Und jetzt ist es wohl klar, dass zwischen der substantiell-philosophischen und der formal-juristischen Begründung des Völkerrechts nicht der geringste Zwiespalt existirt. Wenn es zu den Staatszwecken zählt, mit anderen Staaten zu verkehren, wenn die Nichterfüllung dieses Staatszwecks ebenso einen Angriff auf die Existenz des Staates bedeutet, wie das willkürliche Brechen des selbstgesetzten Rechts, dann ist es eine Forderung der staatlichen Natur, Normen herzustellen, durch welche die Beziehungen des Staates zu den anderen geregelt werden. Diese Normen, obwohl aus dem Wesen der nur in der Staatengemeinschaft existiren könnenden Staatspersönlichkeit hervorgehend, sind trotz dieses Umstandes doch freie Thaten des Staatswillens. Wenn auch sein Wesen es ist, welches ihm die Aufstellung bindender Normen für den Verkehr mit anderen Staaten vorschreibt, so ist es doch sein freier Wille, mit dem er dieser Nothwendigkeit nachkommt. Jene Natur der Sache, welche, unabhängig von ihm, unerschütterlich fest steht, ist psychologisch nur ein Motiv für seinen Willen [79]), aber es ist der freie Entschluss des Staates, wenn er die aus den Staatszwecken fliessenden Anforderungen an seinen Willen zu Motiven für denselben erhebt. Es wird also kein Zwang auf den Staat ausgeübt, wenn er Normen für sein Verhalten zu anderen anerkennt, die völkerrechtlichen Normen sind nicht das Product einer über dem Staate stehenden höheren Macht, welche ihm dieselben etwa aufdränge, es ist das Völkerrecht kein überstaatliches Recht, sondern es entspringt formell derselben Quelle, wie alles objective Recht: dem Willen des rechtsetzenden Staates.

---

[79]) „Die Natur der Sache ist nur das Motiv zur Bildung des Rechts, die Veranlassung dazu, dass ein Organ die in der Natur der Sache liegende Regel als Rechtsregel aufstellt." Unger, System des österr. Privatrechts, 4. Aufl. S. 67. Nr. 37.

II.

Wir haben den Nachweis geführt, dass der Staat mit seinen Normen sich an sich selbst wenden kann. Diejenigen Normen, durch welche er sein Verhältniss zu anderen Staaten regelt, bilden das objective Völkerrecht, welches daher formell ebenso auf dem Staatswillen beruht, wie das innerhalb des Staates geltende Recht.

Kommt aber diese Begründung des Völkerrechts nicht dennoch einer Negation desselben gleich? Ein Völkerrecht, so wird behauptet, ist nur durch Uebereinstimmung des Willens der verschiedenen Staaten möglich, durch die gleichmässige Anerkennung eines für alle verbindlichen Rechts, es muss ein Recht sein, *quod apud omnes gentes peraeque custoditur*. Indem man die Einzelstaaten zu souveränen Schöpfern des Völkerrechts macht, wird dieses in der That zu einem äusseren Staatsrechte degradirt und damit zugegeben, dass das Uebereinstimmen in den von den Staaten für ihre Beziehungen nach Aussen gesetzten Normen eine Sache des Zufalls ist. Indem man den Staat zum Schöpfer des Völkerrechts macht, wird dieses nur ein Recht für den Staat, der es aufstellt, aber es ist unmöglich, auf diesem Wege ein Recht des Staates gegen den andern zu gewinnen. „Was für mich nur gilt, weil ich es will, kann eben kein Recht zwischen mir und einem Anderen, mir Gleichen, erzeugen." [71])

Ein grosser Theil des Völkerrechts existirt nun allerdings nur in der Form eines äusseren Staatsrechts und es

---

[71]) Fricker a. a. O. S. 394.

gibt zahlreiche Bestimmungen für das Verhältniss eines Staates zum anderen, in welchen eine Uebereinstimmung unter den Staaten entweder gar nicht oder nur zufällig vorhanden ist. Selbst das auf der Völkergewohnheit basirte Recht ist kein durchgängig einheitliches und je weiter sich die concreten Festsetzungen von den allgemeinen Rechtsgrundsätzen entfernen, desto mehr tritt die Eigenart eines jeden Volkes auch in Beziehung auf sein Verhältniss zu andern Völkern hervor.

Wenn aber alles Völkerrecht nur äusseres Staatsrecht in dem Sinne wäre, dass eine Uebereinstimmung zwischen den verschiedenen Staaten in demselben keine nothwendige ist, so würde durch dieses Resultat die Lösung der uns beschäftigenden Frage ganz unmöglich sein. Denn kein völkerrechtliches Problem hängt mehr von der Existenz eines gemeinsamen Rechts ab, als die Frage nach der rechtlichen Natur der Staatenverträge. Wenn von zwei vertragschliessenden Staaten ein jeder ein anderes Recht für die Beurtheilung der von ihm eingegangenen Verbindlichkeiten hat, dann ist ein Vertrag, eine *conventio plurium in idem placitum* als völkerrechtliches Institut gar nicht möglich. Ebensowenig aber könnte von einem völkerrechtlichen Vertragsrechte die Rede sein, wenn Fricker's Behauptung richtig wäre, dass der eigene Wille des Staates für den andern Recht zu schaffen nicht im Stande ist.

Was zuvörderst diesen Punkt anbelangt, so würde der Fricker'sche Satz consequent weiter gedacht zur Läugnung der Möglichkeit des Rechts überhaupt führen. Beruht doch juristisch die Qualität der Menschen als Rechtssubjecte auf ihrer Anerkennung durch den Staat als solche. Wenn der Wille des Staates ein ihm unterworfenes Individuum zur Rechtspersönlichkeit erheben, wenn er dadurch ein Recht zwischen sich und ihr hervorbringen kann, so ist nicht abzusehen, warum er das nicht auch einer ihm gleichen Persönlichkeit gegenüber im Stande ist. Zum Rechtssubject kann ein Individuum mir gegenüber nur durch meinen Willen erhoben werden, nur dadurch, dass ich meinen Willen als durch den anderen beschränkbar anerkenne. Das gilt nicht nur für den Staat in seinem Verhältnisse zu den Einzelnen, es gilt ebenso für die im Staate lebenden Individuen in ihren Verhältnissen untereinander. Der Staat gebietet allerdings den Einzelnen, sich gegenseitig als Rechtssubjecte anzuerkennen und zu achten; wer aber die Rechtsgebote übertritt und in fremde Rechtssphären **eingreift, der** gibt durch eine solche Handlung zu erkennen, **dass das Individuum**, welches er verletzt hat, in der Beziehung, in welcher es von ihm lädirt wurde, als Rechtssubject von **ihm** nicht anerkannt worden ist. Diese **Thatsache kann keine** Strafe ungeschehen machen. Es gilt **also gerade** das Gegentheil des Fricker'schen Satzes. Nur dadurch, dass Etwas für mich gilt, weil ich es will, kann ein Recht zwischen mir und einem Anderen erzeugt werden. Denn auch das Rechtsgebot gilt für mich nur, weil ich es will, selbst dann, wenn seine Befolgung erzwungen wurde. *Coactus volui, sed tamen volui!*

Ein Recht zwischen zwei Individuen wird also dadurch geschaffen, dass ein Jedes von dem Anderen thatsächlich als Träger von Rechten anerkannt wird. Dies gilt für alle vernünftigen Individualitäten in ihren Verhältnissen zu einander, also **auch** für die Staaten. Auch für den Staat wird ein anderer zum Rechtssubject dadurch, dass er ihn als solches anerkennt, dass er erklärt, seine Handlungsfreiheit ihm gegenüber beschränken zu wollen. Und diese Anerkennung besitzt dieselbe Garantie, wie die Anerkennung der anderen Rechtssubjecte, den Willen des Staates. Und der Staat **muss** den anderen als Rechtssubject anerkennen, wenn er überhaupt mit ihm in Verkehr treten will. Der Staatswille ist hier gebunden **an** die objective Natur der Staatenbeziehungen. Verkehren kann man nur mit Einem, dessen rechtliche Existenz man anerkennt. Mit Bergen und Wäldern, mit Pflanzen und Thieren ist kein Verkehr möglich, dessen Voraussetzung immer ein gegenseitiges Verhältniss ist. Hier bewährt der alte Satz seine Giltigkeit: *Ubi societas, ibi jus.* Es steht dem Staate formell frei, ob er in die *societas* eintreten will oder nicht. Hat er es aber gethan, dann hat er mit der *societas* auch das *jus* gewollt.

Und hiemit ist uns der Fingerzeig gegeben, wie trotz der einseitigen Schöpfung des Völkerrechts durch die Einzelstaaten ein gemeinsames und zwar nicht nur zufällig gemeinsames Recht erzeugt wird. Die möglichen Beziehungen zwischen den Staaten haben ebenso ihre eigenthümliche objective Natur, wie die Beziehungen zwischen den Individuen. Diese Natur der Lebensverhältnisse zwischen den Staaten ist gegründet auf die Natur und die Zwecke der Staaten. Indem nun ein Staat durch seinen freien Willen in ein solches Lebensverhältniss zu einem anderen Staate tritt, nimmt er die objectiven Momente, welche dieses Lebensverhältniss regeln, in seinen Willen auf, sie werden zu Normen, welche seinen Willen durch seinen Willen binden. Diese objectiven Momente werden zum Rechte in dem Augenblicke, wo der Staat sie durch das Eingehen des betreffenden Verhältnisses in seinen Willen aufnimmt. Es ist kein Naturrecht etwa, welches den Staat in diesen Fällen bindet, denn die objectiven Momente der internationalen Lebensverhältnisse und deren logische Consequenzen haben unabhängig vom Staatswillen überhaupt keine rechtliche Natur, sie sind als nur gedachte, als rein potentielle Beziehungen von Staat zu Staat leere Schemen, die Fleisch und Blut, Leben und Bewegung erst durch den schöpferischen Willen des Staates erhalten, zu dem sie jedoch in dem eigenthümlichen Verhältnisse stehen, dass er nur sie und nur in der eigenthümlichen Form ins Dasein rufen kann.[72]) Es ist also positives Recht, welches die Staaten für sich durch Eingehung eines solchen Verhältnisses schaffen, und zwar ein positives Recht, welches alle in Verkehr stehenden Staaten gleichmässig bindet, weil ein Abweichen von den hier zur Anerkennung kommenden Regeln, wenigstens so lange keine höhere rechtsetzende Macht über den Staaten existirt, logisch unmöglich ist.

Diese Begründung objectiven Völkerrechts entspricht ganz den Anschauungen, welche die römischen Juristen von der Entstehung internationaler Rechtssätze hegten auf dem Gebiete, auf welchem es für Rom einzig und allein ein wahres Völkerrecht gab — dem Privatrechte. Jenes *jus gentium*, dessen Entwickelung und Ausbildung das römische Recht hauptsächlich seinen Charakter als Weltrecht zu verdanken hat, war nach der Ansicht der Juristen ein Recht, welches der Natur der Dinge entsprang, ein *jus, quod naturalis ratio*

---

[72]) Vgl. Leist, Civilistische Studien auf dem Gebiete dogmatischer Analyse, I. Heft. Jena 1854, S. 62 ff.

constituit, das aber positives Recht nur durch seinen Charakter als *jus, quo omnes gentes utuntur* wurde.[73]

Niemand hat überhaupt klarer das Gebundensein der Rechtsquelle an die objective Natur der einer Normirung zu unterwerfenden Verhältnisse erkannt, als die Meister der classischen Jurisprudenz. Wenn der Senat bestimmt, dass der Ususfruct aller, also auch verbrauchbarer Vermögensgegenstände legirt werden kann, so hat er dadurch doch keinen Ususfruct an Geld schaffen können: *nec enim naturalis ratio auctoritate Senatus commutari potuit.*[74] Diese *naturalis ratio*, welche den rechtschaffenden Willen beherrscht, war für die mit dem *jus respondendi* begabten Juristen die Quelle, aus der sie ihre das Recht fortbildenden Entscheidungen schöpften, indem sie aus der Natur der ihrem Gutachten vorgelegten Fälle die Regeln für deren Beurtheilung zu gewinnen suchten. Denselben Weg nun, welchen die römischen Juristen einschlugen, müssen auch die Staaten bei Schöpfung der objectiven Rechtssätze wandeln, die sich auf ihren gegenseitigen Verkehr beziehen. Denn wo keine höhere rechtsetzende Autorität vorhanden ist, kann ein gemeinsames objectives Recht nur dadurch geschaffen werden, dass diejenigen, für welche das Recht gelten soll, die *naturalis ratio* zur Richtschnur ihres Willens erheben und sie dadurch zur *civilis ratio* machen.

Damit ist auch der Standpunkt gefunden, von dem aus allein die rechtliche Natur der Staatenverträge erkannt werden kann. Die gewöhnliche Ansicht geht dahin, dass die völkerrechtlichen Vertragsnormen nach Analogie des Privatrechts gebildet sind; es ward von einer directen Uebertragung der Grundsätze des Obligationenrechts auf das Völkerrecht gesprochen.[75] Allein diese Ansicht lässt unaufgeklärt, mit

---

[73] S. Warnkönig, a. a. O S. 630. Allerdings entsprach die Ansicht der Juristen nicht ganz dem wahren Sachverhalt. Vgl. M. Voigt, Die Lehre vom *jus naturale, aequum et bonum* u. *jus gentium* der Römer. Leipzig 1856. 1. Bd., §. 79 ff. Hildenbrand, Geschichte und System der Rechts- und Staatsphilosophie. Erlangen 1862. S. 611 ff., und neuerdings Leist, Die realen Grundlagen und die Stoffe des Rechts (Civil. Studien 4. Heft) S. 170 ff. Jena 1877

[74] *L. 2 §. 1 D. de usufr. ear. rer. 7, 5.*

[75] v. Holtzendorff, Encyclopädie der Rechtswissenschaft. 2 Aufl., S. 954.

welchem Rechte man Analogien aus einer in sich geschlossenen Rechtsordnung zu einem *jus cogens* in einer ganz anderen erheben darf. Analogie als Rechtsquelle ist nur in Folge einer Anerkennung derselben durch die bestehende Rechtsordnung möglich, sie ist „Beantwortung einer Frage im Geiste des bestehenden Rechts" [76]), setzt also das Recht voraus, dessen Lücken auszufüllen sie zwar berufen ist, das sie aber nicht von Grund aus neu schaffen kann. Erst muss ein objectives Völkerrecht vorhanden sein, ehe die Analogie ihre suppletorische Thätigkeit beginnen kann.

Nicht mit der Uebertragung privatrechtlicher Sätze auf das Völkerrecht haben wir es bei Beurtheilung der Staatenverträge zu thun. Es sind vielmehr ganz selbständige Rechtssätze, welche die Staatenverträge regeln. Es sind die objectiven Momente des Staatenvertrags und deren logische Consequenzen, welche von den in Vertragsverhältnissen stehenden Staaten vermöge der Thatsache, dass sie mit einander contrahirt haben, anerkannt werden. Die Anhänger der privatrechtlichen Analogie sehen sich genöthigt, vor buchstäblicher Anwendung des Privatrechts auf das Völkerrecht zu warnen, indem sie eben auf „die eigenthümliche Natur des Verkehrs unter Staaten" [77]), auf die „eigenthümlichen Principien des Völkerrechts" [78]) hinweisen, welche bei Beurtheilung der Staatenverträge zu Grunde gelegt werden müssen. Also auch sie sind gezwungen zur Erklärung mancher Erscheinungen des internationalen Vertragsrechts den Gesichtspunkt einzunehmen, der, wie sich ergeben wird, alle hier in Betracht kommenden Momente mit einem Blicke überschauen lässt. Jene angebliche Analogie des Privatrechts rührt einfach davon her, dass bei dem Charakter des Vertrages als „universellen Rechtsinstitutes" [79]) der Ver-

---

[76]) Arndts, Pandekten. §. 14. Vgl. Klüber, *Droit des gens moderne de l'Europe.* §. 4. Phillimore, *Commentaries upon international law.* Vol. I. p. 35 bezeichnet die völkerrechtliche Analogie richtig als „*the application of the principle of a rule, which has been adopted in certain former cases, to govern others of a similar character as yet indeterminated*"

[77]) E. Meier, a. a. O. S. 38.

[78]) Berner, Im Staatswörterbuch s. v. Staatenverträge. Bd. IX. S. 639.

[79]) Unger, a. a. O. I. Bd., §. 93.

trag zwischen Individuen in manchen Punkten denselben objectiven Charakter hat, wie der zwischen Staaten, so dass aus der Natur des Verkehrs zwischen Staaten sich Sätze ergeben müssen, welche mit denen aus der Natur des Privatverkehrs fliessenden identisch sind. Dadurch werden sie aber noch nicht zu Abstractionen aus dem Privatrecht, wie E. Meier meint [80]), wenn auch das Privatrecht die universellen Momente des Vertrages in's wissenschaftliche Bewusstsein erhoben hat, sondern sie entspringen ebenso aus der eigenthümlichen Natur der Staatenverträge, wie die anderen nicht mit dem Privatrechte übereinstimmenden Rechtssätze. Die Aehnlichkeit zwischen Privat- und Staatenverträgen wurde und wird häufig überschätzt und zwar zum Schaden klarer völkerrechtlicher Erkenntniss. Fast in jeder Hinsicht, in Beziehung auf die Contrahenten, auf die Form, die Objecte, die Wirksamkeit u. s. w. der Staatenverträge herrschen grosse Differenzen vom Privatrecht, wie neuerdings ausführlich von Carnazza Amari hervorgehoben wurde. [81])

Wenn wir nun daran gehen, die Hauptsätze des internationalen Vertragsrechts abzuleiten, so werden wir uns die objective Natur der Vertragsverhältnisse zwischen Staaten stets vor Augen halten müssen. Diese Natur wird erkannt einerseits aus dem Wesen der vertragschliessenden Subjecte und andererseits aus der Natur und dem Inhalt des Willens der vertragschliessenden Theile.

Was zuvörderst die Contrahenten anbelangt, so sind es (wenigstens in Beziehung auf die Punkte, in welchen sie sich verpflichten können) unabhängige Staaten. Aus der Natur des Staates wird sich vor Allem ergeben, wer zum Abschluss der Verträge berechtigt ist. Es sind dies diejenigen Factoren, denen nach dem particularen Rechte des betreffenden Staates die Bildung des Staatswillens obliegt, eine Frage also, die im concreten Falle nur nach dem Staatsrechte der contrahirenden Theile beantwortet werden kann. In diesem Punkte sind

---

[80]) a. a. O. S. 37.
[81]) *Trattato sul diritto internazionale pubblico di pace.* Milano 1875, S. 745 ff.

die hervorragendsten Autoritäten des Völkerrechts älterer und neuerer Zeit einig. [82])

Eine grosse Schwierigkeit scheint in den völkerrechtlichen Bestimmungen über die Ratification zu liegen, zumal die Theorie durchaus nicht zu einem einheitlichen Resultate über die rechtliche Bedeutung der Ratification gekommen ist. Während die einen von der privatrechtlichen Anschauung Groot's und Puffendorf's ausgehend eine Verweigerung der Ratification, wenn sie nicht ausdrücklich vorbehalten wurde, für unstatthaft erklären, wenn der Unterhändler sich innerhalb der Grenzen seiner Instruction gehalten hat [83]), stellen Andere die Ratification in diesem Falle als eine moralische oder Ehrenpflicht hin [84]), ein Dritter macht den Versuch, für die Verweigerung der Ratification bei eingehaltenen Instructionen bestimmte Regeln aufzustellen. [85]) Ebenso halten die Einen den Vertrag für perfect, sobald die Unterhändler ihn abgeschlossen haben, während die Anderen von der erfolgten Ratification die Existenz eines Vertrags nicht anerkennen wollen.

Hier scheinen nun offenbar Rechtssätze vorhanden zu sein, die nur auf die Völkergewohnheit, aber nicht auf die Natur der Sache zurückgeführt werden können. Wenn man sich jedoch von privatrechtlichen Vorurtheilen ferne hält und das Wesen der Staatsgewalt untersucht, so findet man, dass das Recht der Ratification eine logische Consequenz des Begriffes der Souveränetät ist. Zu den wesentlichen Merkmalen

---

[82]) E. Meier, a. a. O. S. 91 ff.

[83]) Klüber, *Droit des gens.* §. 142. Phillimore, *Commentaries II.* p. 64 Martens, Einleitung in das positive europäische Völkerrecht, §. 42: „Der ganze Grund dieser Sitte aber ergibt, dass, wenn ein Theil sich zur Ratification erbietet, der andere sie nur dann mit Recht verweigern kann, wenn sein Gesandter sich von den Grenzen seiner Instruction entfernt hat."

[84]) Vattel, *Droit des gens. L. II.* §. 156: *Pour refuser avec honneur de ratifier ce que a été conclu en vertu d'un* **plein pouvoir**, *il faut que le souverain en ait de fortes et solides raisons.* Heffter, a. a. O. §. 87: „Die grundlose Verweigerung ist nur eine Incorrectheit, welche das Vertrauen des anderen Theiles verletzt und eine Missstimmung desselben rechtfertigt."

[85]) Wurm, Die Ratification von Staatsverträgen. Deutsche Vierteljahrsschrift, 1845 S. 163 ff. Indessen ist Wurm zu den Gegnern des freien Ratificationsrechts zu zählen, da die von ihm für die Verweigerung der Ratification als zureichend angeführten Gründe zugleich Nullitätsgründe der Verträge sind.

der Souveränetät zählt ihre Unveräusserlichkeit. Sie kann von ihrem legitimen Träger auf keinen Anderen übertragen werden. Das Recht, Staatenverträge abzuschliessen, ist nun ein integrirender Bestandtheil der Souveränetät; hat man doch von einer eigenen vertragschliessenden Gewalt gesprochen! Daher kann dieses Recht so wenig auf einen Anderen übertragen werden, als das Recht, Krieg zu erklären oder die Gesetze zu sanctioniren. Der Souverän kann den Willen des Unterhändlers zu dem seinigen machen; aber erst nachdem er den Inhalt desselben erfahren hat, mag nun dieser Inhalt mit einem von ihm früher ertheilten Auftrage übereinstimmen oder nicht. Nicht nur die Wichtigkeit der Sache, auf die Martens, Berner, Bluntschli, Neumann u. A. hinweisen, rechtfertigt den Vorbehalt der Ratification. Auch wenn es sich in den Staatenverträgen nur um unbedeutende Dinge handeln, auch wenn die Ratification nie ausdrücklich vollzogen werden würde, müsste man juristisch stets eine Ratification, wenn auch nur eine stillschweigende, annehmen, weil sie mit logischer Nothwendigkeit aus dem Wesen der Souveränetät folgt. Gerade in dem Umstande, dass die Staaten seit dreizehnhundert Jahren von dem Recht der Ratification Gebrauch machen, zeigt sich die logische Kraft der Natur der Sache, welche falschen Theorien siegreich widersteht. Trotzdem hervorragende Autoritäten der Wissenschaft mit der Kategorie des Mandats, wie sie das römische Recht entwickelt hat, an die Frage nach der Ratification herantraten, hat sich die Staatenpraxis und in Folge dessen die neueren wissenschaftlichen Ansichten mit richtigem Tacte durch das vom älteren Naturrecht nur zu sehr verkannte Wesen des Staates leiten lassen, wenn auch noch nicht überall volle Klarheit über die rechtliche Stellung des Souveräns gegenüber einer von dem Unterhändler gemäss seiner Instruction geschlossenen Vereinbarung herrscht. Am schärfsten hat die richtige, aus der Natur des Staates entspringende Anschauung ihren Ausdruck gefunden durch Calvo: „*Il est hors de doute pour nous que le droit de ne pas ratifier un traité est aussi incontestable que le droit de négocier et de conclure des conventions internationales, et qu'il existe virtuellement, même quand il n'a pas été réservé en termes exprès et formels*" [86]) und der einzig wahre Rechtsgrund der Ratification ist erkannt worden von Amari: „*Il conchiudere trattati è una funzione sovrana, la più interessante forse, e se quella è dalla costituzione attribuita al principe, egli non può ad altri trasferirla, come il magistrato che non può investire un altro di diritto di giudicare, che la legge a lui solo accorda.*" [87]) Vor der ertheilten Ratification besteht nie und nimmer ein Vertrag, sondern nur eine Sponsion. Die Verweigerung der Ratification ist ein Act, der unter Umständen allerdings einer moralischen Beurtheilung unterliegt, und frivoles Handeln in dieser Hinsicht untergräbt gewiss das Ansehen des Staates, aber ein Unrecht begeht dadurch der Staat auf keinen Fall. Eine Rechtsnorm, die dem noch nicht Gebundenen den Abschluss eines Vertrages anbefőhle, ist juristisch nicht denkbar.

Die Ratification ist also der Act, durch welchen der Staat den Vertrag schliesst und insofern hat Zorn Recht, die Ratification der Verträge mit der Sanction der Gesetze in Parallele zu stellen. [88]) Ganz unrichtig ist es jedoch, wenn er in der Ratification auch den nach Innen das Recht constituirenden Imperativ, den Gesetzesbefehl, welcher den Staatsangehörigen die Beobachtung des Vertrages befiehlt, erblickt. [89]) Es gibt Verträge, deren Inhalt sich nur an die Staatsgewalt wendet, die nur die Staatsgewalt binden können, so dass ein Imperativ an die Staatsangehörigen gar nicht einmal möglich ist. Ein Beispiel einer solchen nur auf der Staatsgewalt lastenden Verpflichtung ist erst neulich wieder in der internationalen Convention vom 18. September 1878, Massregeln gegen die Reblaus betreffend, enthalten. Hier heisst es im *Article premier*: „*Les États contractants s'engagent à compléter, s'ils ne l'ont déjà fait, leur législation intérieure en vue d'assurer une action commune et efficace contre l'introduction et la propagation du Phylloxera.*" An welche Staatsangehörige sollte sich hier ein Imperativ wenden? Aus dieser und ähn-

---

[86]) Le droit international 2. ediv. Paris 1870. p. 716.
[87]) a. a. O. p. 758.
[88]) a. a. O. S. 25.
[89]) Ebd. S. 30.

lichen Vertragsbestimmungen erwächst nur für die Staatsgewalt als solche eine Verpflichtung. Und im Grunde verhält es sich so mit jeder anderen Vertragsbestimmung. Auch in allen anderen Fällen wird durch die **Ratification** nur der Staat verpflichtet, wie es ja auch bei der Sanction der Gesetze der Fall ist.[90a] Erst die **Publikation** kann jene Bestimmungen, welche potentiell Normen für die Staatsangehörigen enthalten, zu Verpflichtungen für dieselben erheben. Aber Publication und Ratification sind zwei gänzlich verschiedene Vorgänge. Die Staatsgewalt als solche ist bereits durch die Ratification gebunden; die Publikation, wo sie überhaupt möglich und nöthig ist, gehört völkerrechtlich bereits zur **Ausführung des Vertrages.**

Aus dem Umstande, dass keine höhere Macht über den Staaten formelle Erfordernisse für die Verträge vorschreibt, ergibt sich, dass eine bestimmte Form für die Giltigkeit der Staatenverträge durchaus nicht nothwendig ist, dass also insbesondere eine schriftliche Fixirung des Vertrages **keine** unerlässliche Bedingung für den rechtlichen Bestand desselben ist. Denn bestimmte Formen lassen sich nie *a priori* aus der Natur eines Lebensverhältnisses deduciren, sie sind stets freie Festsetzungen der *civilis ratio*. Daher entbehrt die entgegenstehende Ansicht **Neyron's** und **Schmalz'** der Begründung. **Nicht** einmal Worte sind zum Abschlusse des Vertrages nothwendig, wie die im Kriege durch Zeichen geschlossenen Verträge beweisen.[90b]

Aus dem Wesen des Vertragsverhältnisses folgt, dass ein solcher nur dann zu Stande gekommen ist, wenn eine Einigung des Willens zwischen den Contrahenten erzielt worden ist, wenn also Versprechen von der einen und Annahme von der anderen Seite stattgefunden hat. Dabei macht es keinen Unterschied, **ob** die Verträge ausdrücklich oder stillschweigend abgeschlossen wurden. Hingegen kann juristisch

---

[90a] S. oben S. 35. Vgl. E. Meier, a. a. O. S. 329. Bluntschli, **Mod. Völkerr.** Art. 422.

[90b] Martens, §. 58 n. a. Bluntschli, Mod. Völkerrecht. Art. 422. Hartmann, Institutionen des praktischen Völkerrechts in Friedenszeiten. **Hannover** 1874. S. 135.

von präsumirten Conventionen keine Rede sein, weil solche nur in Folge ausdrücklicher Festsetzungen der Rechtsordnung stattfinden könnten, sich jedoch aus der allein hier massgebenden Natur der Sache nicht ableiten lassen.

Was den Inhalt der Verträge betrifft, so gilt hier der Satz, welcher das Rechtsinstitut des Vertrags in seinem ganzen Umfange beherrscht, in welcher Form, unter welchen Paciscenten immer er auftreten mag: *Pacta sunt servanda*. Formell folgt dieser Satz aus dem vertragschliessenden Willen, denn es ist unmöglich, Etwas zugleich zu wollen und nicht zu wollen, und da alles Wollen sich auf die Zukunft bezieht, so erkennt der vertragschliessende Wille durch den Act des Vertragschlusses sich für die Zukunft als gebunden an, sonst wäre der Vertrag an sich unmöglich, wie bereits **Hobbes** erkannt hat: *frustra essent pacta, nisi illis staretur.* [91]) Und was die materiellen Gründe der bindenden Kraft der Staatsverträge anbetrifft, so sind es genau dieselben, die den Staat bewegen, den von Privaten abgeschlossenen Verträgen den Rechtsschutz zu verleihen: das ethische Moment der Treue und das praktische des Verkehrsbedürfnisses. [92]) Das Interesse gebietet den Staaten Verträge zu schliessen [93]) und das Interesse erheischt es, den Vertrag aufrecht zu erhalten, weil dem Vertragsbrüchigen der Glaube an sein Wort entzogen und er dadurch aus der Verkehrsgemeinschaft ausgestossen wird. Andererseits binden die Grundsätze der Sittlichkeit, welche für Staaten mit den durch deren Natur bewirkten Aenderungen ebenso in Kraft sind, wie für den Einzelnen — ein Satz, der nur von Solchen bestritten werden kann, welche, unbekümmert um die sittliche Entwickelung zweier Jahrtausende, im Staate die höchste objective sittliche Macht erblicken — den Staat an das einmal gegebene Wort. So ist es das Interesse, welches die Treue, und die Treue, welche das Interesse schützt. In dem ethisch gebotenen Festhalten an dem einmal gegebenen

---

[91]) *De cive III, 1.*

[92]) Vgl. F. **Hofmann**, Die Entstehungsgründe der Obligationen. Wien, 1874. §. 9.

[93]) „*Un traité .... est un pacte fait en vue du bien public par des puissances supérieures.*" Vattel. *Liv. II. Ch. XII. §. 152.*

Worte liegen auch die wichtigsten Garantien des völkerrechtlichen Verkehrslebens, welche, wie die höchsten Garantien alles Rechts, nicht mehr juristischer Natur sind. Der Staat, welcher im Verkehre mit anderen Staaten seinen Willen als nicht für sich bindend anerkennen, der die Verpflichtung durch's eigene Wort als für ihn nicht existirend ansehen würde, der betrachtete sich dadurch *ipso facto* als ausser der Staatengemeinschaft stehend; daher hat trotz aller gebrochenen Verträge, so lange es einen ausgebildeten Staatenverkehr gibt, noch kein Staat gewagt, die Rechtsverbindlichkeit der von ihm abgeschlossenen Conventionen zu negiren. [94]) Bei keinem Satze des Völkerrechts zeigt sich die Gebundenheit des Willens durch sein Object klarer, als bei dieser fundamentalen Bestimmung des internationalen Verkehrs. Auch der Staat, der factisch nie einen Vertrag einhielte, wäre doch durch die Natur der Sache gezwungen, den Satz von der Verbindlichkeit der Verträge anzuerkennen, er müsste doch eingestehen, dass er durch den unbegründeten Vertragsbruch ein von ihm für verbindlich anerkanntes Gebot übertrete und demnach Unrecht begehe; wie immer das Verhalten des Staates zu dem abgeschlossenen Vertrage sein möge, das Eine steht ausser Zweifel, dass er seine Handlungen bezüglich des Vertrages durch den Abschluss desselben einer juristischen Qualification unterwirft. Denn dass zwischen Staaten ein Vertrag geschlossen würde, mit der Absicht ihn nicht zu halten, ist, wie gesagt, logisch unmöglich, weil ein Vertrag nur zu Stande kommen kann, wenn die Einwilligung in denselben ernsthaft und von dem Entschlusse begleitet war, sich durch das gegebene Versprechen für gebunden zu erachten. Wer die Existenz des Völkerrechts negirt, muss folglich auch die Möglichkeit eines Vertrages negiren, also negiren, was vor seinen Augen thatsächlich vorgeht. Es hätte durchaus nicht der ausdrücklichen Erklärung der Mächte in dem Londoner Protokolle vom 13. März 1871 bedurft, *que c'est un principe essentiel du droit des gens qu'aucune.*

---

[94]) *„Pacta privatorum tuetur Jus Civile, pacta Principum bona fides. Hanc si tollas, tollis mutua inter Principes commercia, quae oriuntur e pactis expressis, quin et tollis ipsum Jus Gentium."* Bynkershoek, *de servanda fide pactorum publicorum. Quaest. juris publ. L. II. Cap. X.*

Puissance ne peut se délier des engagements d'un Traité, ni en modifier les stipulations, qu'à la suite de l'assentiment des Parties Contractantes au moyen d'une entente amicale, weil diese Erklärung dem Rechtscharakter dieses völkerrechtlichen Grundsatzes kein neues Moment hinzugefügt hat, der von dem Augenblicke angefangen existirte, als das erste Mal ein Staat einem andern gegenüber sich zu Etwas verpflichtete.

Sowie die den Willensinhalt beherrschende Rechtsbestimmung sich aus der Natur des Staatenvertrages ergibt, so folgen aus der Natur des rechtschaffenden Willens die Umstände, unter denen allein von einem Zustandekommen eines Vertrages gesprochen werden kann. Wollen kann man nur das Mögliche, und zwar das physisch Mögliche; wollen darf man nur das rechtlich und sittlich Mögliche. Daher kann ein Vertrag nur zu Stande kommen, wenn eine zulässige *causa* vorhanden ist. Dass nur das rechtlich und sittliche Mögliche gewollt werden darf, ergibt sich vor Allem aus der Erwägung, dass man durch die Zulässigkeit des rechtlich und sittlich Unmöglichen als Vertragsinhaltes dem Völkerrecht den Boden unter den Füssen wegzieht. Alles völkerrechtliche Unrecht könnte ja sonst dadurch zum Rechte erhoben werden, dass man es zum rechtsgiltigen Inhalt eines Vertrages erhebt; der Vertrag mit dem einen Staate könnte durch einen Vertrag mit einem anderen ohneweiteres aufgehoben werden und das ganze Vertragsrecht wäre somit illusorisch. Was insbesondere das sittlich Mögliche anbelangt, so folgt die ausschliessliche Zulässigkeit derselben als Vertragsinhalt aus dem ethischen Charakter des Rechts, welches seiner Natur nach nie das aus dem ethischen Gebiete gänzlich Ausgewiesene billigen darf.[95]) Wenn darauf hingewiesen wurde, dass die Geschichte eine Reihe erfüllter Verträge, unsittlichen Inhalts kennt[96]), so folgt daraus so wenig die Rechtsnatur solcher Verträge, als dieselbe für das Privatrecht daraus folgt, dass factisch unzählige von der Rechtsordnung nicht anerkannte, unsittliche Verträge geschlossen und gehalten werden. Es hat vielmehr der Satz,

---

[95]) Vgl. meine socialeth. Bed. Cap. 2.
[96]) H. B. Oppenheim, System des Völkerrechts. 2. Aufl. 1866. S. 186.

dass unsittliche Verträge rechtlich nichtig sind, im Verein mit der Rechtsungiltigkeit der rechtlich unmöglichen Verträge als das zweite wichtigste Princip des internationalen Vertragsrechts, ja des ganzen Völkerrechts zu gelten, weil ohne diese Bestimmungen dem Völkerrechte eine seiner bedeutendsten Garantien entzogen wäre.

Eine andere Beschränkung des Willens der Contrahenten als die angegebenen ist nicht vorhanden. Nur eine jener unglücklich angebrachten Analogien aus dem Privatrecht war es, wenn man Anfechtbarkeit der Verträge wegen enormer Läsion behauptete, eine Analogie, die umso schiefer war, als die Bestimmungen über den *laesio enormis* zu verschiedenen Zeiten ganz verschieden waren und keineswegs aus der Natur des Vertrags hervorgehen.[97] Die Anwendung einer unrichtigen rechtsphilosophischen Lehre des Aristoteles, welche den ökonomischen Gesichtspunkt mit dem rechtlichen verwechselt[98], war es ferner, die Grotius zur Aufstellung der Lehre von der Gleichheit der Leistung und Gegenleistung bewog.[99] Aus der Natur des Willens lässt sich keine jener Beschränkungen der Vertragsfreiheit deduciren, welche in den jeweiligen Bestimmungen des Privatrechts zu finden sind. Aus der Natur der Sache ergibt sich jedoch, dass der Vertrag Rechte und Pflichten nur für die Contrahenten erzeugt.[100]

Aus der Natur des Willens folgt ferner, dass eine wahre Einwilligung nur dann vorhanden ist, wenn kein wesentlicher unverschuldeter Irrthum oder Betrug beim Abschluss des Vertrags unterläuft. Dies ist wieder einer von den Sätzen, welche für alle Verträge des gesammten Rechtsgebietes gilt. Anders verhält es sich jedoch mit dem Einfluss des Zwanges auf die Giltigkeit der Staatsverträge. Da eine über den Staaten stehende, mit Zwangsmitteln versehene Rechtsordnung nicht vorhanden ist, also jeder Staat sein Recht selbst wahren muss, so ist der durch Selbsthilfe ausgeübte Zwang, wofern

---

[97] Berner, a. a. O. S. 639.
[98] Vgl. Hildenbrand, a. a. O. S. 297.
[99] *De J B. a. P. II, 12, 12—14.*
[100] Einzelne sich ebenfalls aus der Natur der Sache ergebende Ausnahmen bei Heffter. §. 83.

er durch eine Rechtsverletzung hervorgerufen wurde, nicht unrechtmässig; nur eine Autorität, welche mächtiger als jeder Einzelne ist, kann die Ausübung der Selbsthilfe verbieten. Es darf nicht vergessen werden, dass es einst eine Zeit gab, wo innerhalb der Volksgemeinschaft ein Rechtszustand herrschte, welchem die Verfolgung des eigenen Rechts zum grossen Theile der Selbsthilfe anheimgegeben war. [101])

Der auf die fremde Staatsgewalt ausgeübte Zwang macht also den erzwungenen Vertrag nicht ungiltig, sonst könnte es keine Friedensschlüsse geben. Nur ein absoluter Zwang, der eine Action des Willens ausschlösse, würde den Vertrag ungiltig machen können. Ein solcher ist aber gegen einen Staat gar nicht anwendbar. Selbst die Wahl zwischen Untergang und Einwilligung in den Vertrag ist noch ein compulsiver Zwang; selbst in dem Anbieten einer solchen Alternative liegt noch eine Anerkennung der freien Staatspersönlichkeit des Gegners vor. [102])

Der theoretischen Beschränkung des den Vertrag nicht hindernden Zwanges auf einen rechtmässigen stehen aber grosse praktische Schwierigkeiten entgegen, da eine objective Entscheidung über die Rechtmässigkeit völkerrechtlichen Zwanges nicht vorhanden ist, so lange die Staaten Richter in eigener Sache sind. Mit der Aufnahme des Merkmals der Rechtmässigkeit in den Begriff des völkerrechtlich erlaubten Zwanges stellt man es factisch in das Belieben des besiegten Staates, ob er sich durch einen Friedensvertrag gebunden erachte oder nicht, oder vielmehr, man erklärt dadurch die Friedensverträge für unverbindlich, denn der Fall, dass ein Staat von dem Recht des Gegners und seinem eigenen Unrecht, das den Krieg provocirt hat, überzeugt ist, zählt zu den allerseltensten in der Geschichte. [103]) Nur da, wo ein Zwang unmittelbar auf die Person des Unterhändlers oder Souveräns derart ausgeübt

---

[101]) Bergbohm, a. a. O. S. 26.
[102]) „Im Völkerrecht wird angenommen, der Staat selbst sei alle Zeit frei und willensfähig, wenn nur seine Vertreter persönlich frei sind." Bluntschli, Mod. Völkerrecht §. 408.
[103]) Die rechtliche Natur der Friedensverträge wegen des dabei obwaltenden Zwanges wird in der That geleugnet von Amari, a. a. O. p. 772.

wird, dass er die Widerstandsfähigkeit desselben ausschliesst, ist ein unleugbares Hinderniss des Vertrages vorhanden.

Die Endigungsgründe der Verträge ergeben sich erstens als logische Folgerungen aus dem Wesen des Vertrages, also Leistung des Versprochenen, *mutuus dissensus*, Erlass, Ablauf der Zeit, unverschuldeter Untergang des versprochenen Gegenstandes, Untergang eines der contrahirenden Subjecte, Aufkündigung, Eintritt einer Resolutivbedingung. Zwei andere Endigungsgründe der Staatenverträge sind aber auf die eigenthümliche Natur des Staates zurückzuführen. Der eine ist die Collision der höchsten Staatszwecke, unter welchen vor Allem die Selbsterhaltung zählt, mit der Erfüllung des Vertrages. Hier tritt das Nothrecht des Staates ein, welches ihm gebietet, **seine Existenz höher zu achten, als die Verpflichtungen, welche er gegen Fremde übernommen hat**. Juristisch ist das Eintreten solcher, die Vertragserfüllung zur **Verletzung der Pflichten gegen sich** selbst machender Umstände als unverschuldetes Eintreten der Unmöglichkeit der Leistung aufzufassen. Eine Gebundenheit des Staates in alle Ewigkeit hinaus gehört eben zu dem rechtlich Unmöglichen, wie wir oben gezeigt haben. Nur falsche Abstractionen aus dem Privatrecht können zu dem Glauben verleiten, dass durch die Anerkennung der dem Staatenvertrage stillschweigend beigefügten Clausel: *Rebus sic stantibus* das staatliche Vertragsrecht illusorisch gemacht würde. [104] Ein Staat ist kein physisches Individuum, welches die ganze Zeit seines Lebens hindurch einen nur innerhalb gewisser Grenzen sich verändernden Typus trägt, sondern es ist ein in steter Bewegung und Umbildung begriffener Factor der weltgeschichtlichen Entwickelung. Die Jahrhunderte, oft schon die Jahrzehnte, bilden ihn um, so dass, wer die historische Continuität nicht kennt, einen Zusammenhang der gegenwärtigen mit dem vergangenen Staate kaum zu ahnen im Stande wäre. Welche Aehnlichkeit zeigt das **Frankreich** der Capetinger mit der heutigen französischen Republik, oder das England Alfred des Grossen mit

---

[104] War es doch übrigens lange Zeit hindurch naturrechtliche Anschauung, dass auch für privatrechtliche Verträge die Aenderung der Umstände als Auflösungsgrund gilt!

dem England der Victoria? Und der Staat der Vergangenheit sollte die Macht haben, die Gegenwart und Zukunft des Staates zu beherrschen? Die Erstarrung der Staaten, der Tod der Weltgeschichte wäre die Consequenz! Nur eine den Zweck und die geschichtliche Function des Rechts vergessende Theorie könnte dem Staate eine unlösbare Verbindlichkeit auferlegen wollen. Der Zweck des Rechts besteht aber in der Erhaltung der Bedingungen des menschlichen Gemeinlebens. Zu diesen Bedingungen zählt aber vor Allem die staatliche Organisation in ihrer freien Entwickelung. Was diese hemmt, kann also nimmermehr Recht sein. Da alles Recht, will es auf die Dauer Verwirklichung finden, der Natur der Personen angepasst sein muss, für welche es bestimmt ist, so müssen die Bestimmungen des internationalen Vertragsrechts sich fügen der Eigenart der staatlichen, welche von der des menschlichen Individuums verschieden ist. Darum ist es eben ein privatrechtliches Vorurtheil, dass nur dann von dem Rechtscharakter der Verträge gesprochen werden könne, wenn die Leistung des Versprochenen unabhängig ist von dem Umstande, ob sie die Interessen des Leistenden schädigt oder nicht. Sobald man nur im Auge behält, dass die Möglichkeit der Leistung einer anderen Beurtheilung im Völker- als im Privatrecht unterliegt, so gilt der Satz, dass Verträge zu halten sind, trotz der auflösenden Kraft der wesentlichen Veränderung der Umstände, genau in demselben Sinne, wie im Privatrecht. Es kann überhaupt nicht oft genug darauf hingewiesen werden, wie gefährlich für die unbefangene Betrachtung des Völkerrechts oberflächliche Vergleiche mit dem Privatrechte sind. Die meisten Einwände, welche gegen die rechtliche Existenz des Völkerrechts erhoben werden, entspringen der voreiligen Identificirung alles Rechts mit den wesentlichen Merkmalen des Privatrechts. Da das Privatrecht durch eine stetige Entwickelung von Jahrtausenden unter allen Zweigen des Rechts die reichste Ausbildung erfahren und die stärksten Garantien gewonnen hat, so vermag der durch die Strahlen dieser hellsten Partie des Rechtsgebiets geblendete Blick, wenn er sich den internationalen Verhältnissen zuwendet, in der selbstverschuldeten Finsterniss, in die er sich versetzt hat,

Nichts mehr zu unterscheiden. Aber schon, wenn man das Staatsrecht aufmerksam betrachtet, schwindet das Vorurtheil, als seien die Grundbestimmungen des Privatrechts mit denen des Rechts überhaupt identisch.

Der zweite Endigungsgrund der Staatenverträge, der sich aus der Natur des Staates ergibt, ist der Bruch des Vertrags von Seite eines Contrahenten, wodurch völkerrechtlich der andere Contrahent ihm gegenüber befreit wird. Da die Staaten keinen Richter und keine Zwangsgewalt über sich haben, so können sie auf rechtlichem Wege — man müsste denn die Selbsthilfe als einen solchen ansehen — keine Erfüllung der ihnen gegenüber eingegangenen Verbindlichkeiten erlangen. Wenn also ein Staat sich von der ihm auferliegenden Verbindlichkeit widerrechtlich lossagt, so ist die Willenseinigung, in welcher der Vertrag bestand, gebrochen, ohne dass eine höhere Macht durch ihr Gebot und ihren Zwang die Wiederherstellung des rechtmässigen Zustandes herbeiführen könnte.

Was die Auslegung der Verträge anbelangt, so ist diese den contrahirenden Staaten selbst überlassen, es sei denn, dass sie von diesen einem Schiedsgericht übertragen wird. Die Grundsätze, welche die Staaten, respective die Schiedsrichter hierbei in Anwendung zu bringen haben, entspringen der *bona fides*, welche die unerlässliche Grundlage freundschaftlichen Verkehrs zwischen den Staaten bildet. Wenn hier die Grundsätze des Privatrechts über die Auslegung in Anwendung zu bringen sind, so hat dies seinen Grund darin, dass diese Sätze in ihrer gegenwärtig anerkannten Fassung sich im Allgemeinen der materiellen Gerechtigkeit angenähert haben.

Aus dem Wesen der verschiedenen zwischen Staaten stattfindenden Verträge ergibt sich endlich auch die Classification derselben. Das richtige System hier aufzufinden, ist allerdings mit grossen Schwierigkeiten verknüpft, ja es ist die Frage, ob es ein ausschliesslich richtiges System überhaupt gibt. Da es im Völkerrechte nicht, wie im Privatrechte dispositive Rechtssätze gibt, welche für den Willen der Contrahenten suppletorische Geltung haben und, da keine formellen Erfordernisse für die Verträge vorhanden sind, so können sich dieselben nur durch ihren Inhalt unterscheiden. Dieser kann aber nach verschiedenen Gesichtspunkten geordnet werden, ohne dass es möglich ist, einen derselben für den absolut richtigen zu erklären. Ein System der Staatenverträge aufzustellen, halten wir als ausserhalb der uns hier gesetzten Aufgabe liegend.

Wenn sich uns somit die Hauptsätze des internationalen Vertragsrechts aus unserem Principe ergeben haben, so würde dies auch mit der detaillirtesten Bestimmung der Fall sein. Denn eine andere juristische Ableitung eines objectiven Vertragsrechtes als die von uns gegebene ist nicht möglich.

Mit der Feststellung des juristischen Charakters des internationalen Vertragsrechts ist aber für das Völkerrecht unendlich viel gewonnen. Es sind dadurch für die Staaten, denen es um die grösstmögliche Einhaltung der eingegangenen Verpflichtungen zu thun ist, die Normen gegeben, nach welchen sie sich zu richten haben; es ist dadurch für die öffentliche Meinung der civilisirten Welt ein Massstab für die rechtliche Beurtheilung der hierher gehörigen Handlungen der Staaten und damit ein nicht zu unterschätzendes Pressionsmittel gegen unrechtmässige Gelüste gegeben.

Das Wichtigste jedoch ist, dass mit der Existenz eines objectiven Vertragsrechts erst die rechtliche Bedeutung des Inhalts der Verträge gesichert und erst damit die Möglichkeit einer bewussten Fortbildung des Völkerrechts vorhanden ist. Durch die rechtliche Natur der Staatenverträge empfängt auch deren Inhalt rechtliche Bedeutung: er bildet ein *jus inter partes*. Wenn nun der Inhalt eines Staatenvertrages nicht in einem subjective Rechte begründenden Rechtsgeschäfte, sondern in der gegenseitigen Anerkennung von Rechtssätzen internationaler Natur besteht, dann wird durch den Vertrag Völkerrecht geschaffen, und zwar ein Völkerrecht im vollen Sinne des Wortes, da hier nothwendig Uebereinstimmung zwischen den contrahirenden Staaten vorhanden ist, während alle einseitigen Festsetzungen der Staaten bezüglich ihres Verhältnisses nach Aussen nur ein Völkerrecht in der unvollkommenen Form eines äusseren Staatsrechts darbieten. Es ist durchaus nicht richtig, dass im Falle der Festsetzung objectiver Rechtssätze durch Staatenvertrag der Vertrag nur die unwesentliche Hülle für die Anerkennung und Bestätigung einer Rechtsregel ist [105]), es sei denn, dass diese Rechtssätze aus der Natur der Lebensverhältnisse fliessen, wo aber eine Anerkennung anderen Staaten gegenüber überflüssig erscheint, da sie ja schon durch den Bestand der betreffenden Verhältnisse gesetzt ist. In allen anderen Fällen wird aber erst durch den Vertrag das Abweichen von der Rechtsregel den anderen Staaten gegenüber zum Unrecht, während da, wo ein Rechtssatz nur als Wille des Einzelstaates existirt, von einer Berechtigung anderer Staaten, die Einhaltung der Rechtsregel zu verlangen, nicht die Rede sein kann.

[105]) Bluntschli, Mod. Völkerrecht, S. 64. Bergbohm, a. a. O. S. 81.

Nachtrag und Berichtigung.

S. 11 Z. 8 von unten ist einzuschalten: Zu diesem Resultate gelangt auch Thomasius, weil nach ihm alles Recht die Beziehung zweier Persönlichkeiten voraussetzt. Vgl. *Fundamenta juris naturae et gentium lib. I c. 5 §. 16:* „— *nemo habet proprie jus in se ipsum, nec sibi injuriam facere potest, nec sibi obligatur. — — Et nemo sibi ipsi legem dicere potest.*

S. 26 Z. 5 v. o. lies „Staatsthätigkeiten" anstatt „Staatsfähigkeiten".